Schwarzhans / Hauck / Redlich · Streit-Training

Schwarzhans / Hauck / Redlich · Streit-Training

Frauke Schwarzhans · Tim Hauck · Alexander Redlich

Streit-Training

Faires Streiten lernen in der Grundschule

Mit Kopiervorlagen

Beltz Verlag · Weinheim und Basel

Frauke Schwarzhans, Diplompsychologin, freiberuflich im schulischen Bereich tätig (u.a. Streit-Trainings und Fortbildungen hierzu).

Tim Hauck, Diplompsychologe, in Ausbildung zum Lehrer. Freiberufliche Durchführung von Schüler- trainings und Fortbildungsveranstaltungen zum Thema Streit-Training.

Alexander Redlich, Psychologe, Sozialpädagoge, Pädagoge. Hochschuldozent am Fachbereich Psychologie der Universität Hamburg.

Mailadresse für Autorenkontakte:
streittraining@gmx.de

Gesetzt nach den neuen Rechtschreibregeln
Lektorat: Peter E. Kalb

© 2001 Beltz Verlag · Weinheim und Basel
www.beltz.de
Herstellung: Lore Amann
Satz: Media Partner Satz & Repro GmbH, Hemsbach
Druck: Druckhaus Beltz, Hemsbach
Umschlaggestaltung: Federico Luci, Köln
Umschlagabbildung: Frauke Schwarzhans
Printed in Germany

ISBN 3-407-62482-4

Inhaltsverzeichnis

Vorwort

Immer häufiger wird der konstruktive Umgang mit Konflikten zu einem schulischen Thema. Mit Hilfe von Schulprogrammen wird versucht, Gewaltprävention in der Schule zu etablieren. Doch wie soll dieses Ziel erreicht werden?

Oft wird übersehen, dass die Kinder und Jugendlichen selbst erhebliche Kompetenzen besitzen, mit denen sie tagtäglich viele kleine und große Streitereien kreativ und fruchtbar lösen. Und ihr Potenzial ist noch lange nicht ausgeschöpft. Es gilt, diese Ressourcen zu aktivieren und zu nutzen.

Hier setzt das vorliegende Trainingsprogramm an. Wir haben es in mehreren Gruppen von Schülerinnen und Schülern aus dritten und vierten Jahrgängen in einem sozialen Brennpunktgebiet Hamburgs erprobt und weiterentwickelt. Dort, wo impulsiv-aggressive und gewalttätige Vorbilder im Umfeld deutlich in Erscheinung treten, und – so ist unser gegenwärtiger Erkenntnisstand – gerade von innerlich unsicheren Kindern und Jugendlichen mit vielen Misserfolgserlebnissen und wenig positivem Selbstbild nachgeahmt werden.

Das Streit-Training reiht sich ein in die vielen Bemühungen um die Entwicklung einer »Streitkultur« an Schulen, die in Streitschlichtungs- und Mediationsprogrammen, Anti-Aggressionstrainings, Klassengemeinschaftswochen und ähnlichen Maßnahmen zum Ausdruck kommen. Die in diesen Programmen zu lernenden Kompetenzen beruhen auf denselben Grundkenntnissen und Konfliktlösungsregeln. Hier wie da werden sie an neuen Konfliktfällen und in immer neuen kommunikativen Varianten erprobt, vertieft und so weit wie möglich »überlernt«, damit sie in Fleisch und Blut übergehen. Erst dann können die Kinder und Jugendlichen ihre Konfliktlösungskompetenz intuitiv und erfolgreich in ihrem Alltag einsetzen.

Im Sinne eines »Empowerments« ist das vorliegende Programm für *alle* Schülerinnen und Schüler eines Jahrgangs gemacht. Wenn es auf diese Weise gelingt, immer mehr Kinder und Jugendliche als ihre eigenen Konfliktlösungsexperten auszubilden, wenn effektives Konfliktlösungsverhalten so verbreitet ist wie Lesen, Schreiben und Rechnen, wenn jede streitende Person auf einen Konfliktpartner und Umstehende trifft, die dieselben Konfliktlösungsstrategien gelernt haben wie sie, dann besteht eine wirkliche Chance, dass sich auch in den schwierigen Altersgruppen, bei den ausgrenzungsgefährdeten Kindern und Jugendlichen, in den Brennpunktschulen sozial schwacher Stadtteile eine Kultur der fruchtbaren Konfliktbearbeitung etabliert. Und vielleicht steht das dann sogar Modell für eine weniger gewalttätige Welt der Erwachsenen.

Wir wissen eigentlich genug. Wir sollten dieses Wissen jetzt mit Ausdauer und »langem Atem« in die Tat umsetzen.

Viel Spaß und Erfolg dabei!

Frauke Schwarzhans, Tim Hauck und Alexander Redlich

Danksagung

Unser Dank gilt zuallererst den Kindern aus allen Erprobungsgruppen fürs Mitmachen und für ihre Rückmeldungen sowie den interessierten Lehrerinnen und Lehrern, der kontaktstiftenden Schulleiterin und ihrer Initiative und im Besonderen Margret Göcke und Jutta Aries, die mit ihren wertvollen Anmerkungen zur Optimierung des Programms beigetragen haben und das Training in der Schule weiterhin fortführen.

Einleitung

Streit-Training – Kampfsport für A-B-C-Schützen?

Der Name »Streit-Training« weckt bei Kindern und Lehrer/innen unterschiedliche Assoziationen: Die Bandbreite der ersten Vermutungen reicht von »da lernen wir boxen« und »da lernt man noch doller streiten« (Kinder) bis zu der Einschätzung, dass eine »Mediationsausbildung für die Kleinen« (Lehrer/innen) ins Haus stünde.

Aber all das ist kein Streit-Training. Streit-Training bedeutet, faires Streiten – mit Worten – zu lernen.

Unserer Meinung nach gehört faires Streiten zu den erlernbaren Fertigkeiten und ist keine Fähigkeit, die das eine Kind besitzt, das andere jedoch nicht. Soziales Lernen soll den Kindern die Möglichkeit bieten, sich diese Fertigkeit anzueigen.

Konflikte konstruktiv lösen zu können, sehen wir als eine Schlüsselkompetenz im menschlichen Umgang an. Die menschliche Ressource, diese Kompetenz zu erlangen, wird jedoch gemeinhin nicht in einem organisierten Rahmen ausgebildet. Nicht alle Kinder verfügen aber von Haus aus über die Möglichkeit, Konflikte mit anderen gemeinsam zu klären.

Ein zeitlich begrenztes Programm im Kanon der außerunterrichtlichen Projekte, die an Schulen zusätzlich bestehen, schafft einen Rahmen zur Aneignung dieser sog. »soft-skills«.

Mit dem vorliegenden Streit-Training soll den Kindern ein Raum geboten werden, gemeinsam alternative Handlungsmuster für den Umgang mit der eigenen Wut und mit zwischenmenschlichen Konflikten zu entdecken und auszuprobieren. Als spezifische Adressatengruppe sehen wir Kinder der dritten und vierten Klasse aus sozial benachteiligten Stadtgebieten an, die zur Bewältigung von Konflikten oft keine sozial verträglichen Verhaltensweisen anwenden und ihnen größtenteils destruktiv begegnen.

Indem die Durchführung der 12 Einheiten des Streit-Trainings konstruktive Konfliktbewältigung zu einem <u>schulischen</u> Thema macht, hoffen wir, auch einen Beitrag zu einer Veränderung der schulischen Streitkultur zu leisten. Nicht zu vergessen: Das Training soll den Kindern Spaß machen.

Das Programm haben wir im Rahmen unserer Diplomarbeit entwickelt, in vier Gruppen erprobt und optimiert. Zu Evaluationszwecken folgte im Anschluss an die praktische Durchführung eine Befragung der betroffenen Kinder und Lehrer/innen über Fragebögen und Interviews. Zusammenfassend lässt sich über die Wirkung

aussagen, dass sich das Programm aus Sicht der Kinder bewährt hat. Es machte ihnen Spaß und sie haben ihren Berichten zufolge alternative Konfliktverhaltensweisen (»Reden statt Schlagen«) in die Tat umgesetzt. Außerdem konnten sie von konkreten Erfolgen berichten; z.B.:

»Es hat sehr, sehr fiel spaß gemacht und jetzt weiß ich auch wie ich meine beiden Brüder auseinander halten kann. Es ist lüstig gewesen. Jetzt kann ich mich auch fiel besser beherschen. Fielen, fielen dank« (Brief von Katrin, 3. Klasse).

Die Lehrer/innen stellten keine 100%igen Kurswechsel in der Streitkultur dahingehend fest, dass faire Auseinandersetzungen Handgreiflichkeiten den Rang abgelaufen hätten. Dennoch belegen ihre Äußerungen, dass auch sie einzelne Verhaltensänderungen beobachten konnten, speziell im Bereich der Impulskontrolle.

Einzelne Forschungsergebnisse, die im Zusammenhang mit der Diplomarbeit über bestimmte Methoden gewonnen wurden, machen wir in diesem Heft mit Hilfe des folgenden Piktogramms kenntlich.

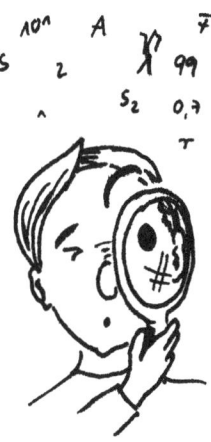

Die Ergebnisse beziehen sich sowohl auf eine schriftliche Befragung als auch auf Einzelinterviews, die jeweils im Anschluss an das Training mit allen Kinder durchgeführt wurden. Da sich der Kinderfragebogen als ein guter Kompromiss zwischen Aufwand und Aussagekraft erwiesen hat, befindet sich im Anhang eine Kopiervorlage, sodass Praktiker/innen ihn zur Praxiskontrolle und zu Evaluationszwecken nutzen können.

Bei der Zusammenstellung des vorliegenden Trainingsheftes haben wir uns daran orientiert, welche Informationen für Praktiker/innen notwendig sind, um das Training eigenständig durchzuführen. Weitergehende theoretische Hintergründe und Erläuterungen zum empirischen Forschungsvorgehen wie auch die genauen Evaluationsergebnisse sind hier aus Gründen eines praktikablen Umfangs nicht versammelt. Bei weiter gehendem Interesse verweisen wir auf die zugrunde liegende Diplomarbeit (Schwarzhans/Hauck, 2000).

Dieses Trainingsheft ist in drei Teile gegliedert. Im ersten Teil werden Setting und Konzeption des Trainings erläutert, um die praktische Umsetzung vorzubereiten.

Der Praxisteil stellt den konkreten Durchführungsleitfaden dar. Hier schildern wir auch problematische Erfahrungen aus der Erprobungsphase des Programms.

Im Ausblick schlagen wir einige Maßnahmen vor, den größeren Kontext Schule und Stadtteil (und nicht nur die Schulklasse) einzubeziehen, um die Wirksamkeit der Trainingsmethoden zu unterstützen.

Im Umgang mit geschlechtsspezifischen Bezeichnungen versuchen wir, Personenanreden in einer beide Geschlechter berücksichtigenden Pluralform zu formulieren. In der Einzahl nutzen wir der besseren Lesbarkeit halber nur die männliche Bezeichnung, die jeweils auch weibliche Personen mit einbezieht.

Konzeption des Trainings

Über die Zielsetzung, die Themen und die Methoden des Trainings

In diesem Teil beschreiben wir zu Beginn die Zielgruppe des Programms und möchten die Zielsetzung klären. Dann gehen wir auf die prozessorientierte Entwicklung des Trainingsablaufs ein: Da neben einem festen Stamm an Methoden auch der Gruppenprozess den Verlauf der Einheiten bestimmen sollte, um den Kontakt zu den Kindern und ihren Themen nicht zu verlieren, schlagen wir verschiedene Maßnahmen vor, die es ermöglichen, das Training an die jeweils vorgefundene Situation anzupassen.

Daraufhin folgt die detaillierte Beschreibung aller im Training verwendeten Methoden. Zuletzt klären wir die verschiedenen Rollen, die in der Funktion als Streittrainer eingenommen werden.

Kapitel 1:
Beschreibung der Zielgruppe

Das Training richtet sich in erster Linie an alle Kinder der dritten und vierten Klasse, die in sozial benachteiligten Gebieten und unter sog. »erschwerten Bedingungen« aufwachsen.

Diese Bedingungen sollen die exemplarischen Äußerungen einer Lehrerin illustrieren: In erster Linie wurde von ihr hervorgehoben, dass die Eltern der Kinder zu zwei Dritteln aus anderen Herkunftsländern als der Bundesrepublik stammten. Sie bezeichnete den Kontext, in dem die Kinder lebten, als arm und beschrieb die Situation in Bezug auf elterliche Aufmerksamkeit und die Zeit, die für die Kinder im Familienrahmen bereitgestellt würde, als dürftig. Sie erwähnte, dass die Kinder in vielen Fällen durch die Eltern vernachlässigt seien, und beschrieb das Verhalten ihrer Schüler/innen als »wild und sprunghaft«. Es lebe sich im Stadtteil »intensiv und schnell«, wobei sie die Umgangsweise der Kinder untereinander zusätzlich als »ruppig« darstellte.

In Bezug auf die Altersstufe haben wir uns im Rahmen der Grundschule für die älteren Kinder entschieden, weil wir glauben, dass sie im Kontext der Schule über ein höheres Ansehen verfügen – das gemeinhin die größeren Kinder genießen – und daher, auf den gesamten Schulkontext bezogen, eher als Vorbild im Sinne des Modelllernens akzeptiert werden als die kleineren Kinder.

Das Training wird mit der gesamten Schulklasse durchgeführt und richtet sich so gleichermaßen an Jungen wie an Mädchen. Der Stand der Forschung legt nahe, dass auch Mädchen als Zielgruppe für ein Training in der Grundschule in Betracht kommen, da bei ihnen ebenso ein Bedarf dafür besteht – wenn auch längst nicht so stark wie bei Jungen, Verhaltensalternativen für einen fairen Umgang miteinander kennen zu lernen (vgl. hierzu Tillmann/Holler-Nowitzki/Holtappels/Meier/Popp 1999, S. 111 und Olweus 1996, S. 30).

Vorrangig zielt das Streit-Training auf solche Kinder ab, die Konflikten mit destruktiv-aggressiven Verhaltensweisen begegnen. Da aber alle Kinder der Klasse angesprochen werden sollen, können die sozialeren Kinder (die ihre Impulse schon gut im Griff haben und dafür der anderen Gruppe als Modell dienen können) lernen, sich besser selbst zu behaupten. Wichtig ist uns, dass alle Kinder gestärkt und mit neuen Impulsen für den Umgang mit Streitsituationen aus den Trainingssitzungen hervorgehen. Auch wenn die Alternativen für destruktive Verhaltensweisen im Vordergrund der Planungen stehen (da ja gerade die gewalttätigen Verhaltensweisen auf dem Schulhof als Probleme gesehen werden), sollen den zurückhaltenden Kindern Alternativen zum Konflikte vermeidenden sozialen Rückzug in Streitsituationen angeboten werden, deren Einsatz bei ihnen dann zu mehr selbstbehauptendem Verhalten führen kann.

Kapitel 2:
Die Trainingsziele

Die Kinder sollen im Training konstruktive **Handlungs-alternativen** für Konfliktfälle erfinden, kennen lernen und ausprobieren. Dabei können sie vorrangig eigene Ideen, aber auch Verhaltensangebote der Trainer/innen testen. Daneben erfahren sie andere Interpretationsweisen für Konflikte, indem sie Gefühle bei sich und anderen wahrzunehmen lernen und die Perspektiven der unterschiedlichen Konfliktpartner einnehmen.

Um die eigene Wut im Konfliktfall »im Griff zu haben«, werden im Training Techniken zur Impulskontrolle erarbeitet.

In puncto Konfliktverständnis möchten wir den Kindern ein konstruktives Bild von fairem Streiten vorstellen. Dazu können die Trainer/innen basale Kommunikationsfertigkeiten wie das Verbalisieren von Grenzen, das Äußern von Wünschen, die Verwendung von Ich-Botschaften und das Eingestehen von Fehlern als angemessene Selbstbehauptung in Konfliktsituationen vormachen.

Zu einem späteren Zeitpunkt werden Strategien für verbale Konfliktlösungsversuche eingeübt, wie z.B. Zuhören, Äußerungen anderer wiedergeben, Lösungsaufschub leisten.

Damit diese Neuerungen auch Fuß fassen können, möchten wir das Image der gewaltfreien Konfliktaustragung bei den Kindern verändern, sodass es zu einer positiven Bewertung der Verhaltensalternativen zur konstruktiven Konfliktbewältigung in der **Gruppenkultur** kommt. Die Veränderungen müssen, wenn ihr Fortbestehen gesichert werden soll, in einem größeren Rahmen als der Klasse etabliert werden. Das bezieht die **Verankerung des Wertes einer gewaltfreien Konfliktaustragung in einem größeren Rahmen** mit ein, z.B. in der ganzen Schule, den Familien und dem Stadtteil sowie einer noch weiter gefassten Öffentlichkeit (vgl. S. 113).

Damit diese beiden Prozesse – einerseits das Lernen neuer Verhaltensweisen und andererseits eine positive Bewertung dieses Verhaltens – überhaupt stattfinden können, muss unserer Ansicht nach eine sichere, vertrauliche und eigenverantwortliche **Lernsituation** geschaffen werden, in der die für die Kinder relevanten Konflikte zur Sprache kommen können.

In Bezug auf das von uns für das Programm in Anspruch genommene Menschenbild der humanistischen Psychologie war es uns wichtig, die eigene Kreativität der Kinder zu mobilisieren, die sie auch für **eigenverantwortliches Handeln** in wirklichen Konfliktfällen brauchen würden. Dazu gehört unserer Ansicht nach auch, dass den Kindern die Verantwortung für ihr Verhalten in Konfliktfällen zugestanden wird, sodass sie sich tatsächlich als Experten für die Lösungen ihrer Konfliktsituationen fühlen.

Da wir der Überzeugung sind, dass Lernen ganzheitlich erfolgen sollte, in Abgrenzung zu rein kognitiven Methoden der Wissensvermittlung, stellen wir an die verwendeten Methoden die Forderung, die Kreativität der Kinder weitestmöglich zu fördern. Außerdem sollte die Lernatmosphäre, so wie es Cohn (1997) beschreibt, alle Aspekte des menschlichen Handelns mit einbeziehen. Sie ist der Auffassung, »dass Menschen zwar Tatsachen und Zusammenhänge mit dem Denken allein erfassen können, dass jedoch sinnvolles Lernen den ganzen Menschen als psychosomatisches (Körper und Seele vereinendes) – daher auch gefühlsbetontes und sinnliches – Wesen betrifft« (S. 116). Wir folgern daraus, dass es förderlich für das Lernen der Kinder sein wird, Situationen zu schaffen, in denen der Einbezug von eigenen Gedanken und Gefühlen stattfinden kann und sogar ausdrücklich erwünscht ist.

Das Lernziel: Gemeinsam mit den Kindern sollen neue Handlungsalternativen im Umgang mit der eigenen Wut und zwischenmenschlichen Konflikten erarbeitet werden.

Die Mittel zur Zielerreichung: Wir möchten eine eigenverantwortliche und vertrauliche Lernatmosphäre schaffen und ein positives Image der konstruktiven Konfliktregelung herstellen.

Das »Fernziel«: Das Streit-Training muss in einen größeren Rahmen eingebettet werden, um die in ihm vermittelten Werte auf einer breiteren Basis zu etablieren.

Kapitel 3:
Überblick über die Themen der Einheiten

Für die Erhebung der Streitsituationen haben die Kinder von uns vor der Erstellung des Trainings die Aufgabe bekommen, einen Streit als Comic, Bild oder Bildergeschichte darzustellen, den sie in der letzten Zeit mit einem anderen Kind in der Schule ausgetragen hatten.

Alle Kinder haben auffälligerweise Situationen gemalt, in denen die Konflikte ein »böses« Ende nahmen. Das lag sicher auch an dem Umstand, dass von Kindern dieser Altersstufe Streiten mit einer handgreiflichen Konfliktaustragung gleichgesetzt wird. »Für die 8- bis 10-Jährigen bedeutet Streit gleichermaßen handgreiflich aneinander geraten.« (Hagedorn 1996, S. 14) Aus dieser Sammlung von Streitfällen haben wir einen Großteil der Rollenspielthemen direkt entwickelt. Die anderen Themen, vornehmlich die der letzten Sitzungen, haben wir eingebracht, weil sie uns zur Lösung der aus den Bildern indirekt hervorgehenden Dilemmata sinnvoll erschienen. Dazu gehören z.B. verbale Verhandlungsstrategien zur Klärung einer Situation, die den Kindern unserer Auffassung nach als Handlungskompetenz nicht zugänglich waren.

Abbildung 1: Streitbild eines Drittklässlers

Die ersten drei Einheiten haben die primäre Aufgabe, die Kinder mit dem Streit-Training, den Trainer/innen und den zu erwartenden Inhalten vertraut zu machen.

In der **ersten Einheit**, die sich auf zwei Termine verteilt, geht es darum, einen Umgangsvertrag für die Gruppenarbeit mit den Kindern gemeinsam zu erarbeiten

und zu beschließen. Dieses kooperative Vorgehen soll eine bessere Verankerung und Akzeptanz der Regeln bewirken.

Die **zweite Einheit** klärt die Kinder spielerisch darüber auf, was durch das Streit-Training genau erreicht werden soll. Sie lernen über zwei Übungen nicht-kompetitives Verhalten in Konfliktsituationen kennen und erfahren im Spiel die Vorteile, die das kooperative Verhalten mit sich bringt (z.B., dass die Beziehung zwischen den Konfliktpartnern weiter bestehen kann und nicht durch eine Sieg-Niederlage-Situation »vergällt« wird).

In der **dritten Einheit** werden hauptsächlich die Streitbilder gemalt. Die auf diese Weise erhobenen Situationen können dann von den Trainer/innen mit den von uns vorgeschlagenen Rollenspielfällen auf ihre Aktualität und Relevanz für die Kinder der eigenen Gruppe geprüft werden.

Die eigentliche thematische Arbeit beginnt erst in der **vierten Einheit**. Die Kinder lernen über eine Standbildübung kennen, wie man aus gewalttätigen Auseinandersetzungen aussteigen kann. Es werden Möglichkeiten erarbeitet, um aus einer handgreiflichen Auseinandersetzung buchstäblich herauszutreten und eine brenzlige Situation durch den Einsatz nicht-bedrohlicher Körpersignale zu deeskalieren.

Mit der **fünften Einheit** soll dem Umstand Rechnung getragen werden, dass fast alle von den Kindern beschriebenen Konflikte aus der Wut heraus zu einer handgreiflichen Auseinandersetzung geworden sind. Wir finden es daher sinnvoll, gleich zu Beginn der Rollenspiele mit den Kindern alternative Umgangsweisen zur Wutkontrolle zu erarbeiten, da es sich unserer Meinung nach in fast allen geschilderten Konfliktfällen primär um das Problem handelt, mit der eigenen Wut fertig zu werden, die z.B. aus einer subjektiv empfundenen Kränkung entstanden ist. Dieses Motiv ist über alle Konfliktvarianten hinweg zentral und die »Wutkontrollhilfen« haben für die später folgenden Rollenspielkonflikte weiterhin eine große Bedeutung.

In der **sechsten Einheit** geht es um die Übung, verlieren zu können. Die Kinder probieren in diesem Rollenspiel aus, die Freude der Gewinner auszuhalten und sich nicht darüber aufzuregen. Die Wutkontrolltechniken können also wieder zum Einsatz gelangen.

Mit der **siebten Einheit** möchten wir den Unterschied zwischen Spaß und Ernst in Auseinandersetzungen bearbeiten. Aus Berichten und Bildern der Kinder wurde für uns deutlich, dass den Kindern oft nicht klar war, wie sie einem abgleitenden Spaßkampf ein Ende setzen können.

Die **achte Einheit** trägt dem von uns getroffenen Befund Rechnung, dass die Kinder in den allermeisten Fällen Absicht hinter einer Grenzüberschreitung vermuten. Dass es sich um ein Versehen handeln könnte, schien ihnen nicht in den Sinn zu kommen oder zu unwahrscheinlich zu sein. Um diesen Automatismus zu bearbeiten, gehen wir in dieser Einheit immer auf die Ursachenzuschreibungen der Kinder ein, die sie für die Erklärung des Konflikts jeweils heranziehen und woran sie diese Einschätzung festmachen.

Die **neunte Einheit** behandelt Provokationen in Form von Beleidigungen. An dieser vorgerückten Stelle scheint es uns möglich, den Keilerei-Auslöser »Beleidigung« zu bearbeiten, denn wir machten die Erfahrung, dass Beleidigungen der Eltern bei allen Kindern – ausländischer oder inländischer Herkunft – sehr häufig automatisch mit Schlägen beantwortet wurden.

In der **zehnten Einheit** geht es darum, wie bei unfairen Auseinandersetzungen eingeschritten werden kann. Wir setzen voraus, dass es auch die nicht direkt beteiligten Kinder betrifft, wenn zwei andere unfair und handgreiflich gegeneinander kämpfen. Es geht, allgemein ausgedrückt, um den Wert der Zivilcourage.

In dieser Einheit werden daher Möglichkeiten eingeführt, Hilfe anzubieten, und es wird ausprobiert, welche Strategien die Kinder anwenden können, ohne sich selbst in Gefahr zu bringen. Dabei geben wir Handlungsmöglichkeiten vor, die von Fachleuten für eine Deeskalation entwickelt wurden (vgl. dazu Frey/Schäfer/

Neumann 1999, S. 280f. und Bücken 1999, S. 93ff.) und die wir der schulischen Situation der Kinder angepasst haben.

In den **letzten beiden Einheiten (11 und 12)** geben die Trainer/innen Übungen vor, die zur Klärung von Meinungsverschiedenheiten genutzt werden können. Diese Übungen weisen eine durch die Methode enger gefasste Struktur auf als die Rollenspiele. Wir haben bewusst einen methodischen Kurswechsel angestrebt und den Kindern Konfliktlösungsschemata vorgestellt, von denen wir durch unsere Beobachtungen ausgingen, dass sie sie noch nicht kannten. Dass die Kinder in der Altersstufe unserer Zielgruppe bereits zu Verhandlungen in der Lage sind und durch die von uns verwendeten Methoden zumindest nicht theoretisch überfordert werden, veranschaulicht eine Zusammenfassung der Forschungsergebnisse von Shaffer (1994) zum kognitiven Entwicklungsstand der Kinder dieser Altersstufe durch Jefferys-Duden (1999a):

> Etwa im Alter von 8–10 Jahren kann das Kind seine Perspektive reflektieren, d.h., es kann seine Gedanken und sein Verhalten aus der Sicht einer anderen Person betrachten und weiß, dass andere dasselbe können. Das Kind kann beide Perspektiven, die eigene und die fremde wahrnehmen, aber nicht aufeinander beziehen, d.h., verschiedene Perspektiven können (noch) nicht integriert werden. Es ist zu reziprokem Verhalten in der Lage, um die Bedürfnisse beider Parteien zu befriedigen. Zwischen Kindern dieser Altersstufe kommt es zu Tausch, Austausch und Verhandlung. (S. 54)

Außerdem wollen wir allen Kindern die gleichen Verhaltensalternativen vorstellen, mit denen sie Meinungsverschiedenheiten klären und Lösungen für die Beilegung eines Streits finden können, damit sich ritualisierte Umgangsweisen mit Konflikten als etablierte, nicht sämtliche Energien bindende Routine in der Gruppenkultur ausbilden können.

Exkurs: Balanceakt zwischen inhaltlicher Relevanz und angemessenem Aufwand

Zurückgreifend auf die Annahme, dass Menschen sich besonders dann engagieren, wenn sie sich in den Prozess involviert und von den Inhalten persönlich angesprochen fühlen, hat sich das Prinzip der rollenden Planung[1] in der praktischen Erprobung als ein wesentlicher Grundpfeiler des Trainings herausgestellt. Dem gegenüber steht, dass eine auf die Gruppe abgestimmte Planung den Arbeitsaufwand stark erhöht, weil man genau genommen nicht automatisch auf die Sitzungsvorschläge des vorliegenden Trainingsprogramms zurückgreifen kann.

So entsteht eine Spannung zwischen zwei Werten: einerseits »am Puls der Gruppe zu sein«, indem man die Trainingsinhalte auf die Gruppeninteressen abstimmt, und andererseits den Arbeitsaufwand realisierbar zu halten, weshalb man geneigt ist, das Geplante in verschiedenen Gruppen ähnlich durchzuführen.

Der erste Wert orientiert sich an der Betroffenheit der Trainingsteilnehmer durch den Inhalt (»Relevanz«), während sich der zweite an der Pragmatik eines angemessenen Arbeitsaufwands ausrichtet (»Effizienz«). Wir halten es für notwendig, bei der Planung des Trainings eine Balance zwischen den beiden Werten zu finden: so übergreifend und allgemein gehalten wie möglich, sodass der Aufwand praktikabel bleibt und sich in einem angemessenen Rahmen bewegt, und so flexibel und dicht an den Interessen der konkreten Gruppe wie nötig, damit sich ihre Mitglieder durch die Trainingsinhalte erkannt und angesprochen fühlen.

Anwender/innen müssen also entscheiden, ob die von uns vorgeschlagenen Sitzungsinhalte für ihre Gruppen treffend sind und sie sich an die beschriebene Planung halten wollen. Genauso kann es wichtig sein, die Inhalte den Gruppen anzupassen, damit die Kinder vom Training profitieren können.

Da wir davon ausgehen, dass wir für die Zielgruppe nicht gerade ungewöhnliche Themen ausgewählt haben, empfehlen wir den Anwender/innen, die Kinder in der dritten Trainingseinheit Streitbilder malen zu lassen und diese auf Übereinstimmung mit den vorgeschlagenen Sitzungsthemen zu prüfen. Gegebenenfalls ist es günstig, das eine oder andere Thema zu ersetzen oder bestimmte Rollenspielsituationen abzuwandeln. Daneben sollte sich jeder Trainer die Offenheit der rollenden Planung bewahren, um aus dem Gruppenprozess entstandene Themen aufzunehmen.

---

1 »Rollende Planung ist im Grunde nur ein anderes Wort für den sich immer wiederholenden Zyklus von *Handeln und Überprüfung der Ergbebnisse und der Art des Handelns, um daraus die nächsten Schritte abzuleiten.*« (Langmaack/Braune-Krickau 1998, S. 145, Hervorhebung im Original)

Kapitel 4:
Was? Wie? Warum? Wozu? – Die Trainingsmethoden

Im Folgenden werden wir die Methoden vorstellen, aus denen das Training aufgebaut ist. Dabei gehen wir auf die methodischen Bestandteile ein, die sich während der Erprobung des Trainings bewährt haben. Da dieses Kapitel nicht nur der Beantwortung des »Was« dienen soll, sondern wir damit den Anwender/innen bereits eine methodische Orientierung für die Durchführung des Trainings geben möchten, gehen wir vor allem auf das »Wie«, auf die konkrete, praktische Umsetzung jeder Methode ein. Bei den methodischen Kernstücken des Trainingskonzepts, wie z.B. den Rollenspielen, werden wir unsere Wahl theoretisch begründen und so dem »Warum« Rechnung tragen.

Der Übersichtlichkeit halber haben wir die einzelnen Methoden drei verschiedenen Funktionsbereichen zugeordnet. Damit hoffen wir den Leser/innen eine erste Strukturhilfe zu geben, um die Absicht hinter jeder Methode transparent zu machen und eine Aussage zum »Wozu« zu treffen.

Zuerst folgt die Darlegung der **Methoden, die zur Durchführbarkeit des Trainings beitragen**. Diese Methoden zielen darauf ab, den Rahmen des Trainings zu stützen, indem z.B. Regeln für die gemeinsame Arbeit in den Gruppen in Form eines Umgangsvertrages verabschiedet werden.

Als Zweites werden wir die einzelnen **Lehrmethoden** aufführen, die hauptsächlich der Vermittlung der Trainingsinhalte dienen. Dazu gehören z.B. die Rollenspiele und die Geschichten.

Dem dritten Funktionsbereich schreiben wir die Methoden zu, die die Übertragung des Gelernten auf das »wirkliche Leben« fördern sollen. Wir nennen sie **transferfördernde Methoden**.

Diese grobe Unterteilung presst manche Methode in ein nicht exakt passendes Korsett. Beispielsweise soll der später beschriebene Trainingsbogen zur Überprüfung gesetzter Ziele zwar vorrangig den Transfer anregen, daneben lernen die Kinder aber auch, sich selbst zu beobachten, womit der Bogen ebenso eine Lehrmethode ist. Um Verwirrungen zu vermeiden, sind die Methoden dem Funktionsbereich zugeschrieben, dem sie vorrangig dienen.

Insgesamt haben wir versucht, rein verbale Methoden in ihrem Einsatz gering zu halten, da ein großer Teil der Kinder anderen Kulturkreisen angehört und Deutsch ihre erste Fremdsprache ist.

Als Orientierungshilfe für die Methodendarstellung dient an dieser Stelle das allgemeine »Skelett«, das jeder Einheit mehr oder weniger variiert zu Grunde liegt. Die Piktogramme sollen als stetige Symbole die Wiedererkennung der Methodenbausteine erleichtern.

 Anfangsrunde mit den Gefühlsgesichtern; Vorstellung des Themas und »Bericht aus der letzten Trainingswoche«

 Interaktionsspiel, Warming-up oder Bewegungsspiel

Hinführungsübung, Rollenspiel zu einer Konfliktsituation oder Übung zum Konfliktverhalten

 Geschichte vorlesen

 Schlussrunde mit der Wahl des Verhaltens für den Trainingsbogen

1. Methoden, die zur Durchführbarkeit des Trainings beitragen

Die unter diesem Punkt verzeichneten Methoden sollen den Rahmen des Trainings stützen. Zur Auflockerung der Einheiten und als »Erholungsangebot« für die Kinder bieten wir Bewegungsspiele an, die flexibel eingesetzt werden können, wenn die Trainer/innen den Bedarf dafür sehen. Neben den weiter unten beschriebenen Gruppenregeln dienen noch weitere Elemente dazu, bestimmte wiederkehrende Strukturen für die Gruppenarbeit zu schaffen. Dazu gehört hauptsächlich die Verwendung von einigen methodischen und technischen Vorgehensweisen der Gruppenarbeit aus der Moderationsmethode.

1.1 Warming-ups und Bewegungsspiele

Um die Arbeitsfähigkeit der Gruppe über den langen Zeitraum der Einheit hinweg aufrechtzuerhalten, schlagen wir den Einsatz von Spaß- und Bewegungsspielen vor, die den Bedürfnissen der Kinder nach einer »Anwärmphase« und einem »Auspowern« ihres Bewegungsdrangs gerecht werden können.

»Wie der Fußballspieler ein ›warm-up‹, also eine Aufwärmphase vor dem Spiel braucht, so ist es auch für denjenigen, der ein Rollenspiel anwenden will, notwendig, dass er sich vorher einstellt, dass er bereit ist zu spielen.« (Langer 1989, S. 61) Neben der Schaffung einer aktuellen Spielfähigkeit durch die Warming-ups steht für uns bei den nach Bedarf eingesetzten Bewegungsspielen mehr eine »Austobefunktion« im Vordergrund. Wir möchten den Kindern, ähnlich wie in den Schulpausen, die Möglichkeiten bieten, dass sie sich kurz zur Erholung in ein Spiel vertiefen können, das nur zum Spaß durchgeführt wird und ihnen keine Arbeit abverlangt.

Die Anleitungen zur Durchführung dieser Übungen finden sich in den Ablaufbeschreibungen der Trainingseinheiten. In den späteren Einheiten reduziert sich der Anteil an Bewegungsspielen und Warming-ups zunehmend, da die anderen Übungen mehr Raum einnehmen. Da mehr als 90 Minuten Zeit für die Sitzungen zur Verfügung stehen sollten, empfehlen wir, nach Bedarf noch zusätzlich Bewegungsspiele in den Ablauf zu integrieren.

 Aus den Statements zu den Bewegungsspielen in einem Interview im Anschluss an das Training geht eindeutig hervor, dass viele Kinder sich mehr Bewegungsspiele gewünscht hätten. Gerade auch Jungen, die sich schwerer an das Reglement der Trainingseinheiten halten konnten, äußerten den Wunsch, dass wir mehr Bewegungsspiele in die Einheiten einbauen sollten.

1.2 Gruppenregeln erstellen

Da es in der ersten Durchführung des Streit-Trainings erhebliche Probleme mit der Einhaltung der Gruppenregeln bei den Kindern gab, haben wir im Anschluss an das Training diesen Bereich einer vollständigen Revision unterzogen. An dieser Stelle gehen wir daher nur kurz auf die Funktion der Regeln als strukturgebendes Element im Streit-Training ein und möchten auf die umfangreiche Diskussion und Begründung dieses Themas im Praxisteil hinweisen. Die Kenntnis der hier versammelten Punkte reicht jedoch nicht aus, um sich auf das gesamte »Regelproblem« vorzubereiten, das die Streittrainer/innen in der Praxis erwartungsgemäß bewältigen müssen.

Die Regeln erarbeiten wir mit den Kindern zusammen. Sie stellen diejenigen Leitsätze dar, die festlegen, wie der gemeinsame Umgang in der Gruppe gestaltet werden soll, und bilden dann zusammengenommen den Umgangsvertrag, den die Kinder nach einer »konstituierenden Versammlung« in der ersten Einheit gemeinsam »ratifizieren«. Beispiele solcher Regeln könnten sein, die anderen ausreden zu lassen, einander freundlich zu begegnen oder sich zu bemühen, andere zu unterstützen.

Die Regeln werden in positiver Form als Gebote formuliert, stellen also keine Verbote dar. Gebote wirken sich erstens freundlicher auf die Gruppenatmosphäre aus als Negationsformulierungen, zweitens sollte bei ihrer Formulierung darauf geachtet werden, dass sie konkrete alternative Verhaltensweisen schaffen, statt bestimmte Handlungen zu untersagen.

Die Gebote werden, nachdem sie von allen verabschiedet worden sind, an einer Pinnwand in schriftlicher Form und in Bildform (um auch auf einer nicht-sprachlichen Ebene die Regeln zu veranschaulichen) aufgehängt und bleiben dort während des gesamten Trainings über für alle sichtbar hängen. Sämtliche Beteiligte (also auch die Trainer/innen!) unterschreiben die verabschiedeten Regeln mit der Absichtserklärung, sich an die Regeln zu halten.

Der Einbezug der Trainer/innen betont unserer Ansicht nach den Umstand, dass für die Erwachsenen die gleichen Regeln wie für die Kinder gelten. Wenn für die Klasse bereits Regeln bestehen, können diese natürlich als Ausgangsbasis genutzt oder übernommen werden.

Abbildung 2: »Wir reden freundlich miteinander.« (Weitere Regelbilder finden sich auf S. 84)

1.3 Die Moderationstechniken

Wir haben uns im Streit-Training bestimmter Elemente aus der Moderationsmethode bedient, die wir an dieser Stelle vorstellen und begründen möchten. Wie die genaue Umsetzung der Techniken aussieht, findet sich in den Beschreibungen der Einheiten, da es immer wieder Variationen gibt, die an eine bestimmte Situation angepasst worden sind. Da wir in der Grundschule die Erfahrung gemacht haben, dass die eher komplexen Methoden, die zur Bearbeitung abstrakterer Probleme geschaffen wurden, für die Kinder nicht übersichtlich genug sind, und wir hauptsächlich »abgespecktere« Varianten genutzt haben, reicht es aus, die von uns in den Einheiten zur Durchführung gegebenen Informationen zu kennen, auch wenn noch keine Erfahrungen mit dieser Methode gesammelt werden konnten.

Wir sehen die Vorteile der Moderationsmethode darin, dass durch stark strukturierte (jedoch inhaltlich nicht einengende) Vorgehensweisen und den Einsatz von Visualisierungen und Kleingruppenarbeit über den gesamten Prozess hin die Partizipation aller Teilnehmer/innen ermöglicht wird. »Um einen Satz beim Blitzlicht kommt auch unser ewiger Schweiger kaum herum« (Lipp 1996, S. 17), formuliert ein Lehrer, der in seinem Unterricht mit der Methode Erfahrungen sammeln konnte. Positiv ausgedrückt bedeutet das, dass auch die eher stilleren Kinder den Raum für ihre Einflussnahme erhalten, ohne ihn gegenüber durchsetzungsstärkeren Kindern behaupten zu müssen.

»Die Moderationsmethode gliedert den Arbeitsprozess ... in aufeinander aufbauende Phasen, in denen die gesamte Gruppe gleichmäßig mitarbeiten kann. In dieser Struktur hat jeder die Chance, ›mitzukommen‹ ... und die Teilnehmer erfahren vor allem etwas darüber, welches Wissen in der Gruppe steckt.« (Ramirez Schmidt 1995, S. 8)

Wir sind der Meinung, dass der partizipatorische Ansatz der Moderationsmethode sich gut eignet, die Kinder anzuregen, eigenverantwortlich und kreativ nach Lösungen für ihre Konflikte zu suchen. Daher sehen wir die dieser Methode entnommenen Verfahren als »Handwerkszeuge« an, mit denen wir versuchen, eine angstfreie und vertrauensvolle Atmosphäre zu schaffen.

Auf die Rolle des Moderators gehen wir im folgenden Kapitel ein. Als Streittrainer/innen muss man insgesamt mehrere Rollen einnehmen: Die in der Funktion als Anleiter/innen des Rollenspiels ist z.B. eine andere als die während der Durchführung eines »Brainstormings« im Rahmen der Moderationsmethode.

»Die sechs ›klassischen‹ Schritte der Methode sind in der Regel: 1) Kennenlernen, 2) Anwärmen, 3) Erheben von Themen/Problemen, 4) Bearbeiten von Themen/ Problemen, 5) Vereinbaren von Maßnahmen, 6) Abschluss.« (Nissen 1996, S. 7)

Wir möchten darauf hinweisen, dass der Ablauf einer Einheit des Streit-Trainings strukturell diesem Schema vergleichbar ist. Das Kennenlernen findet allerdings nur in den ersten beiden Sitzungen statt, und die dritte Phase der Themenerhebung aus der Sicht der Kinder wird für alle Einheiten – aus dem Grund der besseren Planbarkeit – zentral in der dritten Einheit über das Malen der Streitbilder durchgeführt.

Zu Beginn jeder Einheit wird der geplante Ablauf den Kindern an einer Pinnwand präsentiert, sodass der Verlauf der Einheit, auch während sie stattfindet, von allen mit verfolgt werden kann (besonders anschaulich anhand eines »mitwandernden« Pfeils).

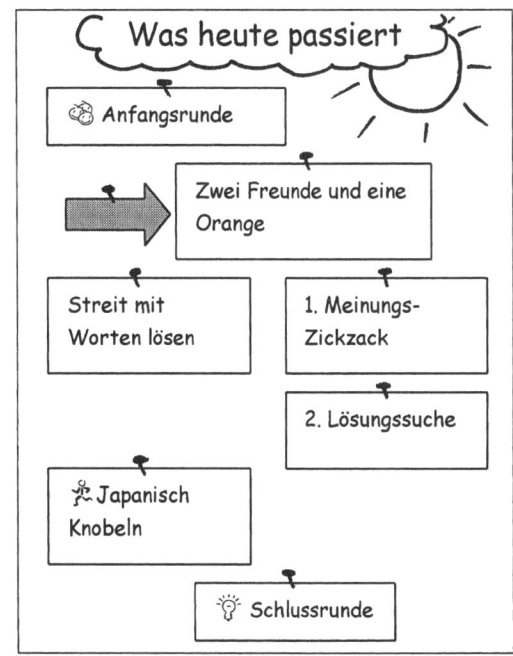

Abbildung 3: Ablaufplan der 11. Trainingseinheit

Kartenabfragen lassen sich in aller Kürze wie folgt beschreiben: »Bei einer Kartenabfrage wird an einer Pinnwand eine visualisierte Frage gestellt. Die Teilnehmer erhalten ... Kärtchen ... und schreiben ihre Antworten darauf. Diese werden eingesammelt, sortiert (und angepinnt) und mit Oberbegriffen versehen, die den Inhalt der entstandenen Rubriken grob kennzeichnet.« (Dauscher 1998, S. 37)

In der Arbeit mit den Kindern haben wir dieses Vorgehen oft ohne den letzten abstrahierenden Schritt durchgeführt. Bei der Durchführung von Stoffsammlungen haben die Kartenabfragen (als bewegungsärmere Methode) den Kindern viel Spaß bereitet, der sie unserer Ansicht nach auch zum Überlegen angespornt hat. »Gruppendynamisch aktiviert sie die Teilnehmer und stellt Transparenz her.« (Dauscher 1998, S. 37)

Zuruffragen haben wir synonym mit dem Begriff des **Brainstormings** verwendet, der für die Kinder nach einer witzigen wortwörtlichen Übersetzung als »Gehirnsturm« sehr eingängig war. »Die Zuruffrage ähnelt der Kartenabfrage. Im Unterschied zu dieser werden jedoch die Antworten auf die visualisierte Frage nicht auf Kärtchen notiert, sondern laut den Moderatoren zugerufen, die sie mitschreiben.« (ebd., S. 44) Für Brainstormings gelten noch zusätzlich die folgenden Regeln: Die Äußerungen werden nicht kritisiert, damit keine belastende Atmosphäre entsteht, die zur Selbstzensur kreativer Ideen führen und zur Folge haben könnte, einen Leistungsdruck hervorzurufen, dass nur »gute« Ideen geäußert werden sollen.

Um dieses Problem so gering wie möglich zu halten, sollen in kurzer Zeit möglichst viele Ideen produziert werden. Eine Auswahl der Ideen wird diesem Suchprozess erst hinterher nachgeschaltet. Außerdem sind ungewöhnliche Ideen gefragt, die den »ausgetretenen Pfad« herkömmlicher Denkmuster verlassen, und mit denen auch andere Personen als nur ihre Produzenten gedanklich »spielen« dürfen, um weitere Aspekte dieser Ideen zu entdecken.(vgl. ebd., S. 74)

Punktfragen bieten die Möglichkeit, einen oder mehrere Klebepunkte an die Kinder zu verteilen, die sie dann zum Votieren direkt auf die zur Abstimmung stehenden verschriftlichten Statements an die Pinnwand kleben. Dieser Schritt wird z.B. für gemeinsame Entscheidungen genutzt.

Es sei noch darauf hingewiesen, dass wir mit Blick auf die Methoden einen Hintergedanken bei der Konzeption des Trainings haben, der sich in Bezug auf die Moderationsmethode gut darstellen lässt. Die Problemlösungsstrategien, die über das Brainstorming, die Punktewahl oder andere Auswahlverfahren mit partizipatorischen Elementen vermittelt werden, sollen den Kindern als Beispiel dafür dienen, wie sie selbst gemeinschaftlich und fair in Konflikten nach Lösungen und Vereinbarungen suchen können, die für beide Parteien vertretbar sind. Wir spekulieren, dass einige Kinder das Prinzip dieser im Training kennen gelernten Methoden auch auf ihren Alltag übertragen.

Die beiden Methoden des Blitzlichts und Stimmungsbarometers möchten wir hier nur so weit schildern, dass die zur Durchführung notwendigen Kenntnisse vorliegen.

Das **Stimmungsbarometer** stellt in unserem Zusammenhang ein Mittel dar, mit dessen Hilfe die Trainer/innen in »Sekundenschnelle« ein Votum von der Gruppe zu einem bestimmten Problempunkt einholen können. Die Kinder drücken durch einen nach oben, seitwärts oder unten gerichteten Daumen aus, ob sie dem Sachverhalt positiv, neutral oder negativ gegenüber stehen.

Ein Feedback in Bezug auf die Gefühlslage wird durch die Methode des **Blitzlichts** möglich. Um die Gefühle transparent zu machen, die bei den Gruppenmitgliedern vorherrschen, bietet es sich an, eine kurze, jedoch detailliertere Stellungnahme als beim Stimmungsbarometer einzuholen. In einer Situation, die für die Trainer/innen schwer einzuordnen ist und in der eine kurze Abfrage »Licht ins Dunkel« bringen könnte, sagt in unserer Nutzungsform des Blitzlichts jedes Mitglied reihum und ohne weitschweifige Erklärungen, wie es ihm gerade geht.

Wir haben einen Blitz aus Pappe herumgegeben, um die Einhaltung der Redereihenfolge zu veranschaulichen. Nach der Gefühlsbenennung sagen die Kinder auch den Anlass für ihr Gefühl, sofern sie ihn äußern können.

Auch in Bezug auf das Blitzlicht lässt sich sagen, dass die Methode als tatsächliches Anwendungsbeispiel für eine theoretische Forderung des Trainings dient. Die Korrespondenz zwischen der Grundaussage des Trainings (Konflikte konstruktiv – auch mit Blick auf das Kennenlernen der eigenen Gefühle – bearbeiten zu lernen) und der Praxis im Gruppengeschehen (das Reagieren auf die Gefühle der Gruppenmitglieder) wird auf diese Weise deutlich: Durch das Blitzlicht, das in Gruppenkrisen oder bei Konflikten in der Gruppe angewendet wird, zeigt sich für die Kinder, dass Gefühle in solchen Situationen aus bestimmten Anlässen hervorgehen und wir uns als Trainer/innen für die Anlässe ihrer Gefühle interessieren, die im Rahmen der Einheiten auch mit unserer Person zu tun haben.

2.   Lehrmethoden

Wir stellen im Folgenden die Lehrmethoden in der Reihenfolge ihres Auftretens im Ablauf jedes Treffens vor: Gefühlsrunde, Interaktionsspiele, Rollenspiele und Geschichten.

2.1   Runde mit den Gefühlsgesichtern

Mit der zu Beginn der Trainingseinheiten auf die Begrüßung folgenden Runde mit den Gefühlsgesichtern[1] möchten wir mehrere Ziele erreichen. Im Vordergrund steht für uns bei diesem Methodenbaustein, die Aufmerksamkeit der Kinder gegenüber ihren Gefühlen zu schärfen.

---

1   An dieser Stelle danken wir T. Ziesenitz-Albrecht für ihre Anregung zu den Gefühlsgesichter-Karten.

Wir messen der Kenntnis der eigenen Gefühle eine hohe Bedeutung bei, da sie den Menschen als Orientierungshilfe für Entscheidungen dienen können. »Gefühle sind Talente, die erzogen und verzogen werden können. Spiele und Übungen können hilfreich sein zur Entfaltung von Empathie (Mitschwingen), Mut (sich selbst stellen), Intuition.« (Cohn 1997, S. 215) In Bezug auf das Konfliktverhalten der 8- bis 10-Jährigen schreibt Hagedorn (1996), wie sie die Bedeutung von Gefühlen einschätzt: »Gefühle sind entscheidend: der verletzte Gleichheitsgrundsatz und enttäuschte Erwartungen werden als Auslöser (von Konflikten) wahrgenommen: ›Der hat angefangen‹.« (S. 14)

Wir begreifen die Arbeit zum Umgang mit den eigenen Gefühlen als Basis für impulskontrolliertes Verhalten – und daraus folgend für die Vermeidung eines gewalttätigen Umgangs mit Konflikten.

Hagedorn (1994) schreibt an andere Stelle zusammenfassend:

> Gewaltprävention in der Grundschule … muss in erster Linie eine positive Einstellung zum Mitmenschen weiterentwickeln und alle Formen sozialen Lernens unterstützen, die Kinder im Umgang untereinander und gegenüber Erwachsenen sicherer machen. Eine wichtige Voraussetzung dazu ist der bewusste Umgang mit Gefühlen. Einerseits müssen die Wahrnehmung und Akzeptanz eigener Gefühle Platz in der Schule finden. Andererseits müssen Gefühle, die Kinder bei anderen auslösen, verdeutlicht werden, damit die Wahrnehmung geschult und mitfühlendes Verhalten aufgebaut werden kann (S. 22).

Es geht in Bezug auf die Ziele der ritualisierten Übung der »Gefühlsrunde« genauer gesagt darum, mit den Kindern zuerst das Wahrnehmen und Benennen der eigenen Gefühle zu üben. Je mehr Gefühle die Kinder kennen lernen und je sicherer sie dann im Identifizieren werden, desto besser können sie unserer Erwartung nach auch bei anderen Kindern Gefühle leichter wahrnehmen und sie auch in Konfliktfällen als zugrunde liegende Bewertungen und Motive erkennen.

Ein immer versierterer Umgang mit den eigenen Gefühlen und die wachsende Fähigkeit, sie bei den anderen zu erkennen, stellt unserer Meinung nach die Grundlage für das gefühlsmäßige Hineinversetzen in die Lage des Konfliktpartners dar. Die Schulung dieser Fähigkeit zur Empathie wird in den Rollenspielen weiter ausgebaut, sodass sich die Äußerungsfähigkeit in Bezug auf die Gefühle auch positiv auf die Spielfertigkeit der Kinder auswirken kann. Kurz gesagt gehen wir davon aus, dass derjenige, der seine eigenen Gefühle noch nicht kennt, sich auch nicht gut in andere Rollen bzw. Personen einfühlen kann.

Für die praktische Umsetzung im Training ergibt sich durch die ritualisierte Form der Gefühlsrunde, in der jeder Teilnehmer und Trainer den anderen sein Befinden mitteilt, zu Beginn jeder Einheit ein Stimmungsbild darüber, in welcher gefühlsmäßigen Verfassung die Beteiligten jeweils sind – eine für die Trainer/innen wesentliche Information.

Durchführung der Gefühlsrunde im Training

Die Durchführung der Gefühlsrunde wird maßgeblich durch den Einsatz der Gefühlskarten bestimmt. Jedes Kind nimmt sich beim Hereinkommen bereits eines der weiter unten abgebildeten »Gefühlsgesichter«. Es soll seine momentane Stimmung ausdrücken. Die Karten werden den anderen bis zum offiziellen Beginn der Runde nicht gezeigt und geheim gehalten. Dann werden sie präsentiert, und die Kinder sagen zusätzlich zu der nonverbalen Information, wie sie sich fühlen. Wenn es geht, sollen sie auch den Anlass für ihr Gefühl benennen. Dieser Ablauf bereitet sie schon einmal auf die semantische Struktur einer Ich-Botschaft vor, bei der ein Gefühl einem bestimmten äußeren Anlass zugeschrieben wird (vgl. dazu Schulz von Thun 1981, S. 112). »Eine Ich-Botschaft enthält folgende Informationen: ›Wenn du … (Verhalten des anderen benennen), fühle ich mich … (eigenes Gefühl benennen), weil ich dann …‹ (Auswirkung des Verhaltens auf mich).« (Leiß / Kaeding 1997, S. 70)

Als Trainer/innen verhalten Sie sich am besten so, dass Sie die von den Kindern genannten Gefühle positiv aufnehmen. Ein Bewerten und Kommentieren der Aussagen über Befinden und Anlass sollte unbedingt vermieden werden, um den Kindern nicht den Eindruck zu vermitteln, sie hätten »komische Gefühle« oder etwa nicht die »richtigen« in einer bestimmten Situation. Der Versuch, die Kinder und ihre Äußerungen verstehen und wertschätzen zu wollen, kann sie ermutigen, auf die Entdeckungsreise in ihre Gefühlswelt zu gehen. Zum Beispiel stellen Verständnisbekundungen durch die Trainer/innen eine positive Reaktion auf die Äußerungen der Kinder dar.

Im Verlauf der Einheiten erhöht sich die Anzahl der zur Auswahl stehenden Gefühle. Bei den vier Gefühlen »fröhlich«, »zufrieden«, »wütend«, »überrascht/erschrocken«[1] angefangen, stieg die Anzahl im Verlauf der praktischen Erprobung auf neun »Gefühlsgesichter« an. Wir

---

1 »Überrascht/erschrocken« wollten wir den Kindern schon von Anfang an anbieten, um für eventuelle »Verschreckungen« durch das Kennenlernen des für die Kinder noch neuen Streittrainings eine Äußerungsmöglichkeit zu schaffen, auch wenn wir die sofortige Nutzung in der Gruppe aus Gründen der noch gering entwickelten vertraulichen Atmosphäre nicht für wahrscheinlich hielten.

haben mit eher basalen Gefühlen begonnen. Da zu Beginn des Trainings in den ersten Sitzungen nur von wenigen Kindern schon erwartet werden kann, dass sie ihre Gefühle treffend beschreiben können und sich auch trauen, dies vor den anderen zu tun, scheint die Zusammenstellung der zuerst zur Auswahl stehenden Gefühle aus diesem pragmatischen Grund nicht übermäßig wichtig.

fröhlich   zufrieden   wütend   überrascht

Alternativ zu den abgebildeten Gefühlsgesichtern, die auf runde Karten gemalt werden, lässt sich eine Vielzahl anderer Gefühlsgesichter verwenden (Vorlagen im Anhang ab S. 131).

2.2 Interaktionsspiele sind »ernste Spiele«

Wir fassen unter dem Begriff »Interaktionsspiele« solche Spiele und Übungen zusammen, die bestimmte Trainingsinhalte vermitteln sollen. Dazu gehören Bereiche, wie z.B. Kennenlernen, Gefühle ausdrücken, Kooperation, Körperwahrnehmung, Kommunikation etc. Im Spiel können die Kinder diese Inhalte am eigenen Leibe erfahren, anstatt einen rein kognitiven Zugang über das »Darüber-Reden« zu erhalten. Da die Spiele immer einen inhaltlichen Bezug zum Thema der jeweiligen Einheit haben, es also einen »identifizierbaren Anlass« und eine »bestimmte Absicht« hinter jedem Spiel (Gudjons 1998, S. 9) gibt, setzen wir sie nicht beliebig ein.

Außerdem weist Gudjons (ebd., S. 9) darauf hin, dass es bei der Auswahl von Interaktionsspielen wichtig ist, »Kenntnisse von den Besonderheiten einer Schulklasse als sozialem System …, aber auch von Gruppenprozessen, von Faktoren der Gruppeninteraktion« zu haben, um wildes »Drauflosspielen« zu vermeiden. Der Autor illustriert die Problematik eines solchen »Wildwuchses« folgendermaßen: »Hier und da mal ein Spielchen anzubieten, ein gut gemeintes, aber falsch platziertes Vertrauensspiel, ein Soziogramm zur Transparenz der Beziehungsebene (u.U. mit katastrophalen Folgen für Außenseiter), ein nonverbales Berührungsspiel (wo die Mädchen die Jungen doch eigentlich auf den Mond schießen wollen)« (1998, S. 9). Wir möchten diesen Gedanken insofern aufnehmen, als dass sowohl für Interaktionsspiele, als auch generell für alle von uns vorgeschlagenen Trainingsbestandteile das Folgende gilt: Die

Entscheidung, ob man ein bestimmtes Spiel, eine bestimmte Rollenspielsituation etc. in der eigenen Gruppe durchführt, muss immer vor dem Hintergrund der Gruppenrealität getroffen werden.

Da die einzelnen Interaktionsspiele sich in ihrer konkreten Durchführung, in der inhaltlichen Zielsetzung und der Zeit, die sie beanspruchen, voneinander unterscheiden, gehen wir hier nicht speziell auf die im Trainingsablauf vorgeschlagenen Spiele ein, sondern verweisen wieder auf die entsprechenden Trainingseinheiten, in denen wir die konkrete Umsetzung beschreiben und auch die mit dem Spiel verfolgte Absicht nennen. Wir möchten hier nur eine generelle Einteilung der Spiele und Übungen, die wir im Trainingsprogramm vorschlagen, nach dem Kriterium der Spieldauer vornehmen und auf allgemeine Aspekte eingehen, die beim Einsatz von Interaktionsspielen zu beachten sind.

Auf der Zeitachse grenzen wir kurze von langen Interaktionsspielen ab, da sie sich auch in ihrer inhaltlichen Komplexität unterscheiden: Kurze Spiele dienen meistens der Hinführung an das Thema der Einheit.

Lange Interaktionsübungen stellen in einigen Fällen den Hauptteil im Sitzungsgeschehen dar. Besonders in den ersten Trainingseinheiten, in denen wir noch nicht thematisch mit Rollenspielen arbeiten, nutzen wir solche intensiven Übungen. Der »verdichtende Fokus« von Interaktionsspielen (Gudjons 1998, S. 9), der entsteht, indem einzelne Elemente aus dem komplexen Interaktionsgeschehen herausgegriffen werden, soll die Kinder auf die in der Regel komplexeren Rollenspiele vorbereiten. In der zweiten Trainingseinheit dient z.B. das »Baumstammspiel« (s. S. 46) dem Ziel, dass die Kinder über das spielerische Erleben ein zumindest symbolisches Verständnis für die Begriffe »Konflikt« und »fair« versus »unfair« erlangen. In der Tat hat sich ein Junge an dieses Spiel erinnert, als im Rollenspiel eine ähnlich »verfahrene« Situation entstand: »Das ist ja wie im Baumstammspiel!« Noch dazu hat diese Übung auch eine hinführende Funktion an die Methode Rollenspiel. Diesen Aspekt greifen wir bei der Vorstellung eben jener Methode weiter unten noch einmal auf (s. S. 29).

Der generelle Ablauf von Interaktionsspielen kann in vier Phasen unterteilt werden (vgl. Kirchner 1995): Spielauswahl, -einführung, -durchführung und -auswertung.

1) **Spielauswahl: Passt das Spiel zu diesem Zeitpunkt in unsere Gruppe?**
   Durch ein vorliegendes Trainingsprogramm verkürzt sich diese Phase. Die Entscheidung für das Spiel in der realen Gruppe müssen jedoch die Trainer/innen in der konkreten Situation gemeinsam treffen.

2) Spieleinführung: Wie soll das Spiel ablaufen? Und warum?

Es ist wichtig, den Kindern den Sinn und Zweck des Spiels offen zu legen, damit sie wissen, weshalb sie sich darauf einlassen, und damit eine vertrauensvolle Atmosphäre entstehen kann. Manchmal ist es für den Spielverlauf günstiger, die Absicht, die hinter einer Übung steht, erst nach dem Spiel transparent zu machen. Dies darf aber bei den Kindern nicht so ankommen, dass sie sich ernsthaft »hereingelegt« fühlen.

In der Spieleinführung geben die Trainer/innen eine klare Anweisung über den Spielablauf. Dieser sollte durch eine Visualisierung (z.B. ein Bild mit dem schriftlichen Arbeitsauftrag auf einem Plakat) und/oder durch das modellhafte Vormachen der Trainer/innen veranschaulicht werden.

3) Spieldurchführung: Play it – again and again?

Die Trainer/innen sorgen hier dafür, dass die Kinder »die geplante Aktivität ausführen können und (geben) ggf. weitere Instruktionen, (klären) über missverstandene Anweisungen auf und (achten) darauf, dass die Zeiten und Spielregeln eingehalten werden« (Vopel 1994, S. 30). Bei ungerader Teilnehmerzahl kann es vorkommen, dass einer der beiden Trainer/innen am Spiel teilnimmt. Die Wiederholung des Spiels kann es mehreren Kindern ermöglichen, die durch das Spiel beabsichtigte Erfahrung selbst zu machen. Außerdem können die Kinder auf diese Weise verschiedene Verhaltensmodelle erleben.

4) Spielauswertung: Lasst uns noch kurz drüber reden!

In der Auswertung geht es darum, das im Spiel Erfahrene zu reflektieren und einen Bezug zum alltäglichen Leben herzustellen (Transferlernen). Es gilt hier, »Anregungen zu geben, (die) Erfahrungen in den Alltag zu übertragen« (Kirchner 1995, S. 60). Inhaltlich orientieren sich die Auswertungsfragen an dem einzelnen Spiel (z.B. »Wie ging es dir dabei?«; »Was mochtest du lieber?«, »Wie kannst du das im echten Leben nutzen?«). Die Auswertung hat zum Ziel, den »Sack«, den man geöffnet hat, wieder zuzumachen; die Erfahrung also durch das Gespräch abzurunden. Dabei ist es gut, Hilfestellung zu geben, um die Erfahrungen verstehen und einordnen zu können (im Sinne des Diskriminationslernens: »Worauf kam es an?«).

Es bietet sich an, eine deutliche Veränderung der Sitzordnung vorzunehmen, um diese Phase einzuleiten. So kann sich die Gruppe nach einem Spiel im Sitzkreis wieder zusammenfinden.

Da es vielen Kindern näher lag, mit Händen und Füßen zu agieren, als sich nur verbal mitzuteilen, haben wir die Auswertung in unseren Gruppen relativ kurz gehalten, indem wir z.B. ein Blitzlicht durchgeführt haben oder bereits während des Spiels nach den Gefühlen und Wahrnehmungen der einzelnen Kinder fragten.

Weil das Wort »Interaktionsspiel« für Kinder schwer verständlich ist, nennen wir alle kurzen Spiele im Trainingsablauf »Aufwärmspiel« (gekennzeichnet durch das Piktogramm: 🏃), obwohl wir bei der Darstellung in diesem Teil Interaktionsspiele von Aufwärm- und Bewegungsspielen abgrenzen. Wir meinen aber, dass diese Differenzierung für die praktische Durchführung nicht erforderlich ist.

2.3 Rollenspiel als Kernstück des Trainings

Rollenspiele zeichnen sich dadurch aus, dass eine vergangene oder zukünftige Situation gespielt wird, »als ob« sie real wäre. Dazu werden die an der Situation Beteiligten auf der Bühne von Personen vertreten, die eine entsprechende Rolle übernehmen und aus ihr heraus handeln. Es kann sich dabei um reale, wie auch fantasierte soziale Interaktionen handeln. Sie dienen im weitesten Sinne der Selbsterfahrung.

Im vorliegenden Training setzen wir die Methode zukunfts- und lösungsorientiert ein, um neue Verhaltensweisen für einen späteren Einsatz zu erproben und verschiedene Möglichkeiten zu sammeln und zu testen. »Gehandelt wird in der Fiktion, aber die Erfahrung ist konkret.« (Boal 1989, S. 58)

Dabei hat uns die folgende Idealvorstellung geleitet: »Alle sollen gemeinsam lernen, Zuschauer und Schauspieler, keiner ist mehr als der andere, keiner weiß es besser als der andere: gemeinsam lernen, entdecken, erfinden, entscheiden.« (ebd., S. 8)

Im Folgenden möchten wir Antworten auf vier Fragen geben, die uns im Zusammenhang mit der Rollenspielmethode am häufigsten gestellt wurden, sowie das so genannte ABC-Modell vorstellen, das bei der Ausgestaltung der Konfliktsituationen zu Grunde lag.

2.3.1 Weshalb werden Rollenspiele eingesetzt?

Gedanken allein führen nicht notwendigerweise zu einer Verhaltensveränderung. So gilt auch für soziale Interaktionen das Sprichwort: »Übung macht den Meister.« Und wenn ich mich beim Üben noch in die anstehende Situation hineinversetze, als ob sie real wäre – mit den damit verbundenen Gefühlen, Befürchtungen und Reaktionen meines vorgestellten Gegenübers – dann wird es mir »in echt« leichter fallen, mich entsprechend zu verhalten. Je dichter die Übungssituation an der Realität ist, desto eher übertrage ich das Gelernte in meinen Alltag.

Im Schonraum der »Als-ob-Situation« kann ich mein Vorgehen planen (antizipieren) und mich darauf in meinem Handeln ausprobieren, mit mehr oder weniger gewagten Verhaltensweisen experimentieren und mögliche Konsequenzen meiner Handlungen erfahren.

Um die Wirksamkeit der Methode zu unterstreichen, möchten wir auf eine Meta-Analyse von Kinderverhaltenstrainings verweisen: »Als besonders zentral für den Behandlungserfolg konnten die verhaltensorientierten Elemente des Vorgehens (und weniger die kognitive Therapie) identifiziert werden.« (Petermann/Petermann 1997, S. 234)

Die Grundannahme hinter der Methode geht auf die sozial-kognitive Lerntheorie von Bandura (1973, 1979) zurück: Menschen können demnach ihr Verhalten bewusst steuern und beeinflussen. Es besteht eine wechselseitige Beziehung zwischen menschlichem Verhalten und den sozialen Gegebenheiten. Eine bestimmte Situation kann sich auf mein Verhalten auswirken, wie auch ich durch mein Verhalten die Situation beeinflussen kann, indem ich z.B. etwas Neues lerne oder Altes umlerne. So erlebe »Selbstwirksamkeit«[1] motiviert zu aktivem Handeln: »Menschen streben danach, die Wirksamkeit des eigenen Handelns zu erfahren. Macht ein Kind wiederholt die Erfahrung, dass es das eigene Handeln und dessen Resultate beeinflussen kann, dann wirkt dies bekräftigend.« (Petermann Jugert/Hautzinger 1997, S. 34)

Aber wie lernt man? Bandura (1973, 1979) betont in seiner Theorie die Wichtigkeit vom »Lernen am Modell«: Indem ich das Verhalten eines anderen beobachte, gucke ich mir davon etwas ab. Gerade bei Kindern spielt diese Art des Lernens eine wichtige Rolle, indem sie verschiedene Modelle (ihre Geschwister und Eltern, Freunde, Fernsehhelden etc.) imitieren. Bezogen auf das vorliegende Trainingsprogramm haben die Kinder also verschiedene Vorbilder, von denen sie lernen können: Trainer/innen, andere Kinder und sogar sich selbst, wenn man die Rollenspiele auf Video filmt.

Zudem gilt das Prinzip des Verstärkungslernens: Wenn ich für ein gezeigtes Verhalten verbale oder nonverbale Anerkennung (Lob, Applaus) bekomme, dann motiviert mich das, dieses Verhalten erneut zu zeigen. Umgekehrt möchte ich eine kritische Bewertung meines Verhaltens in Zukunft vermeiden.

Allerdings kann ich ein Verhalten, das ich gesehen habe, nicht automatisch genauso ausführen: Die Ausführung (performance) hängt auch davon ab, ob ich das Verhalten wiederholt geübt habe. »Aufbau bzw. Veränderung von Verhaltensweisen gehen immer damit einher, dass man weiß, was gemacht werden soll, und warum dies geschehen soll … Daneben müssen Betroffene aber auch wissen, wie die Umsetzung konkret aussieht.« (Frey/Schäfer/Neumann 1999, S. 269) Dem Kennen muss also das Können folgen: »Können bedeutet, dass man die Möglichkeiten alternativen Handelns nicht nur kennt, sondern auch weiß, wie man sie umsetzt – und sich diese Umsetzung auch zutraut. Nur dann kann es zum Handeln kommen.« (ebd., S. 271)

2.3.2   Geht das mit dieser Altersstufe?

Die Kinder ließen sich unserer Erfahrung nach meistens ernsthaft auf die von uns vorgeschlagenen Rollenspiele ein und probierten engagiert verschiedene Lösungen für die Situationen aus. Natürlich wurde auch gelacht und gekichert; dies legte sich aber immer nach einer gewissen Spielzeit. Im Gegensatz zu Erwachsenen haben wir die Kinder bei ihrem Gang auf die Bühne als ungehemmt erlebt.

Zum herkömmlichen Rollenspiel haben wir allerdings einige Veränderungen vorgenommen, von denen wir hier nur die drei auffälligsten nennen.

- **Actstorming[2] im Plenum statt Rollenspiel in Kleingruppen.**
  Unserer Erfahrung nach ist es nicht möglich, dass die Kinder selbstständig Rollenspiele in Kleingruppen durchführen, ohne dabei von den Trainer/innen unterstützt zu werden. Während der Erprobung des Trainings kamen wir zu der Erkenntnis, dass Kleingruppenaufträge eher zu Unmut und Langeweile führten, weil die Kinder die Rollenspiele nicht aus eigenem Antrieb gestalteten. Daher nutzen wir im Training das so genannte »Actstorming«, bei dem die ganze Gruppe (Plenum) als Publikum anwesend ist und Kinder, die Ideen haben, diese direkt und spontan auf der Bühne vorspielen. Der Vorteil dieses Vorgehens ist, dass die Trainer/innen sich nicht auf verschiedene Kleingruppen verteilen müssen, sondern die notwendige Struktur für alle vorgeben können.

---

1   »*Selbstwirksamkeits-Erwartung* (›self-efficacy‹; zuweilen auch als ›persönliche Leistungseffizienz‹ übersetzt; vgl. Bandura 1978). Sie fußt auf der einfachen Überlegung, dass die kognitive Repräsentation der Ausführung von Verhalten eine wichtige Determinante des Verhaltens selbst ist, d.h. Verhalten beeinflusst.« (Schorr 1993, S. 445, Hervorhebung im Original)

2   Der Begriff »Actstorming« ist auf das gebräuchlichere Wort Brainstorming zurückzuführen: Anstatt alle Ideen spontan zu nennen und mitzuschreiben, werden sie direkt in die Tat umgesetzt und auf der Bühne angespielt.

- **Anstatt vieler Worte: kooperative Instruktion, symbolisches »Ein- und Entrollen« und erlebensnahe Reflexion.**

Im Unterschied zum »erwachsenen« Rollenspiel, bei dem häufig schriftlich eine ausführliche Rolleninstruktion vorgegeben wird, erarbeiten wir kurz die Rollen gemeinsam mit den Kindern. Nachdem wir die Situation geschildert haben, führen wir dazu ein Brainstorming zu den Gefühlen und Verhaltensabsichten der jeweiligen Rollen durch (siehe weiter unten). Anschließend spielen die Trainer/innen die Situation nochmals vor und ergänzen so die zunächst verbale Schilderung um ein ganzheitliches Modell.

Zwar achten wir darauf, dass das »Als-ob« in der jeweiligen Situation gewahrt bleibt, damit die Kinder die auf der Bühne dargestellten Konflikte nicht persönlich nehmen. Nichtsdestotrotz spielen die Kinder auf der Bühne sich selbst und übernehmen viele ihrer eigenen Persönlichkeitsanteile. Dies halten wir unter der Zielsetzung, dass die Kinder Handlungsalternativen austesten sollen, um diese in ihr wirkliches Leben zu übertragen, für einen positiven Umstand.

Ihre Rolle übernehmen sie durch das Umhängen eines Namensschilds. Zum Ent-Rollen geben sie das Schild nach ihrem Auftritt an den nächsten Spieler weiter. Das Ein- und Entrollen erfolgt also nur kurz und symbolisch, während dieser Akt normalerweise verbalisiert wird und in einem so genannten Rollenfeedback (Rückmeldung aus der Rolle heraus) mündet.

Auch die Reflexionsphase im Anschluss an die Rollenspiele halten wir kurz: Es geht weniger um das Darüber-Reden, als um das Ausprobieren. Reflexion erfolgt im Training eher indirekt, z.B. bei der Zuruffrage (»Was sind ähnliche Situationen wie diese hier, in denen ihr diese Verhaltensweisen ausprobieren könntet?«), der Punktwahl und der Videoaufnahme (s. weiter unten in diesem Kapitel).

- **Für Struktur sorgen die Trainer/innen.**

Als Trainer/innen und Moderator/innen des Rollenspiels müssen wir das Vorgehen stark strukturieren. Beispielsweise fantasieren die Kinder manchmal die Situation um, indem sie das Problem als solches verändern. So umgehen sie die Spannung der Situation, um die es aber ja gerade geht. Zum Beispiel wandelte in einem Spiel ein Kind seine Rolle einfach ab: Es stand nicht mehr in der Schultür und versperrte dem anderen dadurch den Weg, sondern verkaufte plötzlich Zeitungen vor dem Schulgebäude. In solchen Fällen haben die Trainer/innen die Aufgabe, die Kinder an die vorgegebenen Fakten zu erinnern und sie anzuleiten, mit dem »Knackpunkt« (siehe unten) der

Situation umzugehen. Walker beschreibt eine ähnliche Erfahrung und macht einen hilfreichen Vorschlag zum Umgang damit: »der Übergang zwischen Streit und Konfliktlösung (war) häufig unvermittelt … Wir mussten die Kinder immer wieder auffordern, den *Prozess der Konfliktlösung* deutlich zu machen. Sie sollten schildern bzw. vorspielen, was in ihnen vorgegangen war, dass es zu einer Lösung kommen konnte.« (1998a, S. 105, Hervorhebung im Original)

Man könnte annehmen, dass die Fähigkeit zum Perspektivenwechsel eine Voraussetzung für den Einsatz von Rollenspielen sei. Dem gegenüber möchten wir die Aussage Jefferys-Duden (1999, S. 10) stellen: »Perspektivenübernahme basiert auf der Erkenntnis, dass es mehr als eine Sichtweise zu einem Problem gibt … Zwischen sechs und fünfzehn Jahren durchlaufen Kinder parallel zur kognitiven Entwicklung qualitativ unterschiedliche Phasen und entfalten immer komplexere Formen der Perspektivenübernahme.« Da sich die Fähigkeit demgemäß langsam über einen längeren Zeitraum hinweg entwickelt und nicht von heute auf morgen an einem Punkt abgeschlossen ist, an dem man dann erst mit Rollenspielen ansetzen könnte, sehen wir in der Methode vielmehr die Chance, diese Fähigkeit in ihrer Entwicklung zu fördern und auszubauen.[1] »Die Fähigkeit des Kindes, sich selbst in die Lage anderer zu versetzen, entwickelt sich nur nach und nach durch soziale Wechselwirkungen mit Gleichaltrigen und Erwachsenen bei vielen unterschiedlichen Gelegenheiten.« (Weybright in: Prutzmann/Stern/Burger/Bodenhamer 1996, S. 148) Rollenspiele bieten die Möglichkeit, verschiedene Rollen zu erfahren. Weybright sieht »ein wichtiges Beispiel von aktivem Handeln und den sich daraus ergebenden Wechselwirkungen … im Rollenspiel …, weil das Kind, das eine Rolle spielt, bei dieser Gelegenheit zu erfassen lernt, was die Handlung eines anderen Kindes bedeutet. Wenn das Kind im Rollenspiel die Erfahrung eines Zwischenfalles macht (wenn es z.B. die Rolle eines Kindes spielt, das ausgeschlossen wurde), verfügt es danach über eine ihm und dem anderen Kind (das wirklich ausgeschlossen wurde) gemeinsame Grunderfahrung.« (1996, S. 149)

2.3.3 Exkurs: Das ABC-Modell als Grundlage der Rollenspiele

An einer Konfliktsituation sind nicht nur die beiden Streitpartner beteiligt, sondern auch diejenigen, die den Streit beobachten. Wie wir in der Beschreibung der Ziele

---

1 Zur Entwicklung der sozialen Perspektivenübernahme vgl. auch Selman (1982, S. 223–256).

bereits festhielten, geht es uns darum, das Repertoire an Handlungsalternativen der am Streit Beteiligten durch Rollenspiele zu erweitern. Wenn man die Beistehenden als zumindest indirekt Beteiligte betrachtet, sollte man im Training auch ihre Perspektive thematisieren.

Es lassen sich also drei Positionen in einem Streit festlegen: die A- und B-Position der beiden Streitpartner und die beobachtende C-Position. Diese Ausdrucksweise verwenden wir, um im Trainingsablauf knapp darzustellen, auf welcher Position im Actstorming der Fokus liegt. Mit der Analogie des Filmdrehens ausgedrückt: auf wen wir jeweils die Kamera scharf stellen, bei wem wir ausführlich verweilen und wen wir nur kurz streifen, um ihn nicht zu übersehen.

Es lassen sich zwei grobe Zielrichtungen formulieren: Streitpartner A und B sollen Streitkompetenzen im Training erlangen, um ihre Konflikte mit Worten zu bewältigen. Auf der Seite der Zuschauer, der C-Position, geht es im weitesten Sinne um Zivilcourage, aktiv für eine gewaltfreie Konfliktaustragung einzutreten. Mit dem ABC-Modell wollen wir einem systemischen Ansatz zumindest im Subsystem Schulklasse Rechnung tragen, indem

wir alle an einem Streit – direkt und indirekt – Beteiligten in den Rollenspielen berücksichtigen. Damit hoffen wir zu einer Einstellungsänderung in der Gruppe beizutragen, sodass irgendwann eine konstruktive Konfliktregelung zur Gruppennorm wird.

Die Frage für die A- und B-Position lautet: »Was können die Konfliktpartner machen, ohne sich zu beleidigen oder handgreiflich zu werden? Wie können sie fair streiten?« Hierbei können A- und B-Position »in einen Topf geworfen werden«. Es gibt aber auch Situationen, bei denen eine Unterscheidung zwischen den beiden Positionen sinnvoll ist. Wenn es z.B. nicht vorrangig um eine Konfliktklärung geht, sondern um einfaches Provozieren. Meistens folgt auf die Provokation von A eine Gegenprovokation von B. A provoziert B dann wieder zurück usw., oft bis hin zu einer handgreiflichen Eskalation. Das Lernziel für B ist bei einer solchen Interaktion, den Kreislauf zu stoppen. Auf der anderen Seite kann A lernen, seine Absicht (Aggressionsabfuhr, Kontaktaufnahme) auf eine sozial verträgliche Art und Weise zu erreichen.

Abbildung 4:   Das ABC-Modell als Grundlage für das Rollenspiel

Für die C-Position formulieren wir zwei Lernziele: Zum einen verbal Stellung gegen Gewalt und für eine faire und gemeinschaftliche Konfliktlösung zu beziehen und zum anderen den Streit zu schlichten, indem Beistehende aktiv in die Auseinandersetzung eingreifen oder … Erwachsene zu Hilfe holen. Es macht einen großen Unterschied, ob umstehende Kinder äußern, dass sie eine gewalttätige Auseinandersetzung ablehnen oder ob sie schweigend bis fasziniert um eine »Klopperei« herumstehen. Mit Bezug auf Nolting und Knopf (1997) möchten wir die Wichtigkeit dieser Perspektive betonen: »… in der Schule (sind) die Erzieher gewöhnlich zu weit vom Ort des Geschehens entfernt …, um überhaupt eingreifen zu können. Gerade die unmittelbaren Reaktionen anderer sind aber lernpsychologisch besonders wichtig. Unmittelbar reagieren vor allem die Opfer und Zuschauer – allerdings in der Regel nicht so, dass bei den Tätern ein Umlernen veranlasst wird.« (S. 197)

Im Actstorming wechseln wir immer nur die Rollenspieler/innen einer Position aus, während die anderen ihre Rollen beibehalten. Da die Interaktion mehrerer Perspektiven zu verwirrend war, haben wir durch dieses Vorgehen, das sich auf eine Position konzentriert, die Komplexität zu verringern versucht. Aus Zeitgründen behandeln wir in jeder Einheit meistens nur eine Perspektive. Auf Ausnahmen weisen wir im Trainingsablauf explizit hin.

2.3.4 Wie sieht die praktische Umsetzung im Training aus?

Der Ablauf eines Rollenspiels trägt charakteristische Merkmale, die während des ganzen Streit-Trainings möglichst beibehalten werden. So spielen die Trainer/innen die Situationen immer nur bis zum »**Knackpunkt**« an (z.B. bis einer dem anderen aus Versehen wehtut), anstatt den wirklichen Verlauf mit allen Konsequenzen zu wiederholen (z.B. die Schlägerei, die daraus folgte). Wir versuchen so, destruktives Modellverhalten möglichst zu vermeiden und die Kinder nicht durch unsere Lösungen gleich von Beginn an zu beeinflussen. Außerdem verwenden wir vor jedem Rollenspiel die Methoden **Brain- und Actstorming**. Die Rollen werden durch unterschiedliche Namen bezeichnet. Bei der Namenswahl haben wir darauf geachtet, dass die Namen sowohl für Mädchen als auch für Jungen passend sind (Kim, Eike, Jo, Lu) und kein Kind in der Klasse so heißt.

In der Detailplanung jeder Sitzung kann der Ablauf durchaus variieren, um ihn an die konkrete Situation des Rollenspiels und/oder an die Platzierung im gesamten Trainingsverlauf anzupassen.

1) Situationsschilderung

Noch im Sitzkreis erläutern die Trainer/innen anhand einer Visualisierung die Situation. Dabei können sie den Bezug zu den Konfliktbildern der Kinder als Grundlage der Rollenspiele herstellen.
Frage an die Kinder: »Wer kennt von euch so etwas Ähnliches?« Die Kinder, die diese Frage bejahen, zeigen auf.

☞ Ziel dieser Frage ist es, die Kinder »ins Boot zu holen«, indem sie für sich prüfen, ob die folgende Situation für sie persönlich relevant ist. Durch das Aufzeigen erhalten die Trainer/innen einen Eindruck über die Wichtigkeit der Rollenspielsituation für die Gruppe.

2) Brainstorming

Noch im Sitzkreis werden zwei Brainstormings durchgeführt:

»Wie fühlt sich Kim dabei?«
»Was möchte Jo mit diesem Verhalten bewirken?«

Im Anschluss an die Brainstorming-Phase wählen die Kinder per Aufzeigen ein bis zwei Motive, die dann der Rolleninstruktion von Jo zu Grunde liegen (z.B. »Jo möchte Kontakt zu Kim.«).

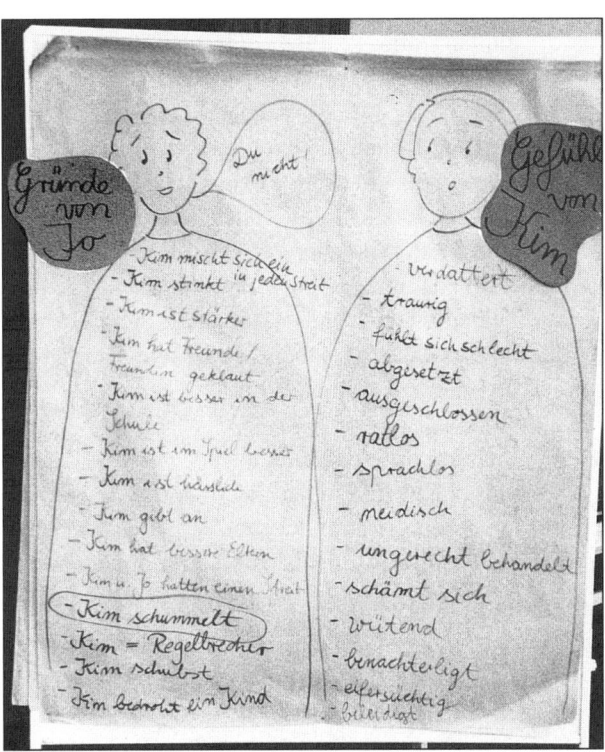

Abbildung 5: Brainstorming aus einer Einheit

Wenn die Kinder diese Frage nicht verstehen und beantworten können, können die Trainer auch nach den Gründen für Jos Verhalten fragen (»Warum macht Jo das?« – »Jo ist immer allein.«). Wir bevorzugen jedoch die Frage nach der Absicht, weil sie lösungsorientierter ist. Wenn ich die Absicht weiß, kann ich überlegen, wie der andere sie auf einem anderen Wege erreichen kann und ob ich auf diese Absicht eingehen möchte. Es geht also darum, die Hintergrundinteressen einer Position zu beleuchten.

Außerdem könnte hieraus spontan ein alternatives oder zweites Actstorming entstehen, indem die Kamera umschwenkt auf die A-Position: »Wie kann Jo seine Absicht Erfolg versprechender und auf sozial verträgliche Weise verfolgen?«

☞ Diese Phase dient dazu, mit den Kindern gemeinsam ein Verständnis für die beiden Rollen zu erarbeiten. Daraus ergeben sich die beiden Rolleninstruktionen für Kim und Jo. Die Frage nach der Absicht bzw. dem Grund für Jos Verhalten impliziert zudem, dass es hinter einem Verhalten verschiedene Gründe und unterschiedliche Absichten geben kann. Das erste Brainstorming begreifen wir als ein Empathietraining, da sich Kinder, die selten in der Rolle von Kim sind, in diese einfühlen und sie in Zukunft vielleicht besser nachvollziehen können. Kinder, die die Rolle Kims aus eigener Erfahrung kennen, haben hier die Möglichkeit, ihren Gefühlen indirekt (über die Identifikation mit Kim) Ausdruck zu verleihen.[1]

3) **Die Trainer/innen spielen die Situation auf der Bühne bis zum Knackpunkt vor.**
Dafür bauen sie die für die Darstellung notwendigen Requisiten auf. Wir haben versucht, den Aufwand für den Bühnenaufbau gering zu halten, damit die Rollenspiele spontan ablaufen können. Improvisation ist alles: Zum Beispiel haben wir einen Türeingang durch zwei Tische symbolisiert.

4) **Actstorming für eine Rolle**
Zunächst spielt ein Trainer die Rolle von Jo (A-Position), während die Kinder sich Verhaltensideen für Kim (B-Position) ausdenken und diese direkt vormachen. Dabei zeigen alle Kinder, die ein Verhalten aus-

probieren wollen, auf. Damit es weiterhin ein Publikum gibt, stellen sich immer nur zwei Kinder »in die Startlöcher« an den Rand der Bühne.

Es wäre wünschenswert, wenn jedes Kind eine Lösung ausprobiert. Daher sollten die Trainer/innen erst die, die noch nicht an der Reihe waren, auffordern, bevor andere zum zweiten Mal auf die Bühne kommen. Allerdings besteht kein Zwang! Kinder, die sich zunächst nicht trauen, etwas vorzumachen, kann man dazu anregen, in der Fantasie vorgespielte Ideen zu testen und sich weitere auszudenken.

Um die Kinder »einzurollen«, bekommen sie mit der Übernahme der Rolle ein Namensschild umgehängt. Damit das Actstorming nicht langweilig wird, sollten die Trainer/innen auf das Tempo achten: Die Ideen werden (Klappen[2]-)Schlag auf Schlag vorgestellt. Die Ideensuche wird lediglich durch zwei Eckpfeiler begrenzt: Das gezeigte Verhalten soll keinen verbalen oder körperlichen Angriff beinhalten (»ohne Beleidigen und Schlagen«), sondern im konstruktiven Sinne fair und auf dem Schulhof umsetzbar sein. Es geht um einen fairen Umgang miteinander ohne sprachliche und körperliche Fouls! Wenn Kinder diese Regel brechen oder ihre Rolle »verulken«, sollte die Szene mit dem Fall der Klappe abgebrochen werden.

Die vorgespielten Lösungen schreibt man in der Funktion des Moderators auf Papier mit und pinnt die Blätter an eine Stellwand.

Die beiden Trainer/innen dürfen und sollten auch eigene Lösungen vorstellen; an dieser Stelle machen sie für die Kinder neue Verhaltensweisen (z.B. Ich-Botschaften) vor. Hier ist es jedoch wichtig, dass sie ihre Lösung nicht als der »Weisheit letzter Schluss« darstellen, sondern als etwas, das sie in ähnlichen Situationen machen würden und »hier mal ausprobieren« möchten.

Die Kinder können später auch die Rolle von Kim übernehmen. Eigentlich jeder »Actstormer« findet es außerdem reizvoll, als Nächstes die Klappe zu bedienen.

Wenn nur noch ähnliche Ideen vorgespielt werden, können die Trainer/innen das Ende dieser Phase »einläuten«. Dazu eignet sich z.B. die folgende Aufforderung: »Wir wollen nun langsam zum Ende kommen: Nun werden nur noch Ideen gespielt, die ganz anders sind als die, die wir bereits gesehen haben.«

---

1 In diesem Vorgehen fühlen wir uns, auf Walker (1998a, S. 102) Bezug nehmend, bestätigt. Auch sie schlägt vor, zunächst die Gründe von A zu erforschen, darauf die Gefühle von B, um anschließend Verhaltensalternativen für B zu sammeln.

2 Im Anhang befindet sich die Bauanleitung einer Klappe, wie wir sie im Training benutzt haben.

5) Frage: »Was sind ähnliche Situationen wie diese hier, in denen ihr die Verhaltensweisen auch anwenden könntet?«

☞ Diese Frage erleichtert den Transfer der Lösungsideen auf andere Situationen. Selbst wenn den Kindern keine konkrete Situation einfällt, wird durch diese Frage nahe gelegt, dass es welche gibt.

6) Punktwahl: »Welche Lösung würdest du in echt machen?«
Jedes Kind bekommt zwei bis drei Klebepunkte, mit denen es die Lösung(en) kennzeichnet, die es für diejenige(n) hält, die es selbst am ehesten in seinem Alltagsleben umsetzen würde.
Die Auswahl der drei bis vier am häufigsten gewählten Lösungen wird anschließend für die Videoaufnahme als Rollenspiel auf die Bühne gebracht.

☞ Mit der Punktwahl regen die Trainer/innen implizit zu einer Reflexion der vorgeführten Lösungen an: Die Kinder überprüfen sie auf Realitätsnähe und persönliche Stimmigkeit.

7) Videoaufnahme
Die Kinder, die ihren Punkt bei derselben Lösung gesetzt haben, spielen die Situation gemeinsam. Falls genügend Zeit ist, denken sie sich ein faires Ende aus (das kann auch erst einmal ein Lösungsaufschub sein).[1] Die Kinder sprechen sich ab, wer welche Rolle übernimmt (ein Kind spielt Eike, ein anderes Kim, ein drittes betätigt die Klappe). Dazu brauchen sie unserer Erfahrung nach die Unterstützung der Trainer/innen. Nun können die Rollenspieler/innen das Verhalten so verändern, dass es zu ihnen passt. Die Rollenspiele werden mit der Kamera auf Video aufgenommen. Nach jedem Durchgang gibt es Applaus für die jeweilige Kleingruppe.

Eine Anregung, die wir nicht verwirklichen konnten, möchten wir potenziellen Anwender/innen abschließend weitergeben: Wenn die Kinder ähnliche Situationen (siehe Punkt 5) genannt haben, ist es sicherlich für alle Beteiligten interessanter, einige davon in Verbindung mit einer Lösung aus dem Actstorming zu spielen und diese auf Video aufzunehmen. Wir haben zwar die Erfahrung gemacht, dass es für die Kinder schwierig war,

sich auf ein eigenes Rollenspiel zu einigen und die Rollenabsprachen zu treffen. Falls dieses Vorgehen potenziellen Anwender/innen in ihrer Gruppe realisierbar scheint, möchten wir sie dazu ermutigen: Es kann wahrscheinlich den Transfer unterstützen, weil die Kinder schon in der Streit-Trainingsstunde erkennen, dass sich ihre Lösungen auf viele Situationen anwenden lassen.

2.3.5 Wie wird an die Methode herangeführt?

Auch wenn wir die Erfahrung gemacht haben, dass Grundschulkinder relativ unbefangen auf die Bühne treten, halten wir es für sinnvoll, an die Methode heranzuführen. Dabei geht es weniger darum, Hemmungen abzubauen. Dies spielt in der Altersstufe noch keine so große Rolle: Immerhin gelingt es mit den Kindern schon in der ersten Einheit ein Rollenspiel zu den Umgangsregeln durchzuführen. Vielmehr trainieren die Kinder durch eine spielerische Hinführung ihre körperliche Ausdrucksfähigkeit. Dies wird z.B. durch Aufwärmspiele erreicht, die mimische und gestische Elemente enthalten (u.a. »Versteinert« s. S. 46, »Gefühle raten« s. S. 49, »Mein Held in action«; s. S. 50).

Noch wichtiger ist, dass wir mit bestimmten Übungen den prinzipiellen Ablauf des Actstormings vermitteln. Dies geschieht z.B. durch das oben bereits erwähnte »Baumstammspiel« (S. 46/50) in der zweiten Einheit und die »Streitstatuen« in der vierten Sitzung (S.52/57). Solche Prinzipien sind beispielsweise:

- Es gibt viele unterschiedliche Lösungen für einen Konflikt, die alle auf der Bühne vorgeführt werden können.
- Alle sind aufgerufen, sich an der Vorstellung zu beteiligen.

Die Übung »Streitstatuen« ist dem so genannten »Statuentheater« von Boal entlehnt. Der Vorteil dieser Methode liegt darin, dass die Schnelligkeit aus einer Situation herausgenommen wird, die man als eingefrorenes Standbild darstellt. So ist es möglich, die in der Interaktion enthaltene Bedeutung Schritt für Schritt für alle wahrnehmbar zu verändern. Boal begreift das »Statuentheater« als eine Methode, die die Teilnehmer auf das »Forumtheater[2]« vorbereitet und »zum Eingreifen, Agieren bewegen« soll (1989, S. 241). Das Forumtheater lässt dem Einzelnen zwar mehr Freiheit durch weniger Struk-

---

[1] Diese Anregung ist noch nicht praxiserprobt. Wir denken aber, dass sie die Videosequenz aufwerten würde, weil die Kinder in ihrer Kreativität angesprochen werden. Aus ähnlichen Erfahrungen schätzen wir eine solche Kleingruppenarbeit aber doch als relativ zeitintensiv ein.

[2] Beim Forumtheater »greifen (die Zuschauer) in die Handlung ein und verändern sie … Wer etwas einzuwenden hat, kommt auf die Bühne, ersetzt einen Schauspieler und spielt seinen Lösungsvorschlag durch … Der Zuschauer erhält … Gelegenheit, eigene Ideen kritisch zu überprüfen und sie versuchsweise in die Praxis – die Theaterpraxis – umzusetzen.« (Boal 1989, S. 56ff.)

turgabe, ist aber durchaus vergleichbar mit dem oben beschriebenen Actstorming, sodass sich die hinführende Funktion des Statuentheaters hierauf übertragen lässt.

2.4 Geschichten vorlesen

Ein weiteres methodisches »Standbein« der Einheiten stellt das Vorlesen besonderer Abenteuergeschichten dar. Sie eignen sich dazu, den Kindern neue Handlungsimpulse und -ideen in der Form von Angeboten nahe zu bringen, anstatt Appelle und Aufforderungen zu formulieren.

Man denke zur Begründung dieser Methode an die lange Tradition von Märchen und Fabeln, die der indirekten Überlieferung von Sichtweisen oder Moralkodices dienen.

Wir haben den Kindern über die Einheiten fortgesetzt für jeweils etwa zehn Minuten spezielle Abenteuergeschichten vorgelesen. Sie sind dem Buch »Geschichten für gestresste Kinder« (Dörner, Nebel/Redlich 1997) entnommen, das »Vorlesegeschichten zum Entspannen und Mutigwerden« (Untertitel) enthält. Aus dem dort versammelten Angebot haben wir uns zuerst für die Abenteuergeschichte »Sabotage im Zirkus« (ebd., S. 45), später für »Unter Wasser« (ebd., S. 27) und »Jagd auf Delfine« (ebd., S. 65) entschieden, weil wir annahmen, dass die erste thematisch eher die Mädchen, die zweite im Gegenzug eher die Jungen ansprechen würde, sodass von allen Kindern unserer Gruppe ein ähnlich naher Bezug zur Erzählung hergestellt werden konnte.

Allen Abenteuergeschichten dieses Buchs ist gemeinsam, dass sie aus der Perspektive der Held/innen erzählt werden, deren Geschlechtsidentität offen bleibt, wodurch sich Mädchen und Jungen mit ihnen identifizieren können. Die Figuren geraten nun mit ihren Freunden in aufregende, abenteuerlich-stressige Situationen, in denen sie dank der Anwendung eines bestimmten Verhaltens zur Entspannung, der sog. »E-Formel«, die brenzligsten Situationen meistern. »Tief durchatmen, Abstand halten , die beste Lösung suchen« (ebd., S. 34) heißt es in solchen Augenblicken für die Kinder. [1]

Die von uns gelesenen Geschichten verfolgen in den ersten Abschnitten das Ziel der »Selbstkontrolle von Ärger und Aggressivität« (ebd., S. 19) und erst im weite-

ren Verlauf der »Bewältigung von Angst« (ebd., S. 19), die für Kinder oftmals ein bedrohlicheres Thema darstellt, an das erst einmal herangeführt werden muss (vgl. ebd., S. 19).

Mit Blick auf unsere Zielgruppe, die eher mit impulsiven Verhaltensweisen in Stress- und Konfliktsituationen reagiert, halten wir die von uns getroffene Auswahl der Geschichten für sinnvoll. »Aktive und ältere Kinder … benötigen … spannende, ereignisreiche Geschichten, um zur Entspannung zu kommen und zu ihren Gefühlen zu finden.« (ebd., S. 13)

Wir hoffen, dass die Kinder über das Vorbildverhalten der Helden auch selbst im Alltag Versuche starten werden, ihre Wut durch das Anwenden der E-Formel zu kontrollieren. Durch das in den Geschichten über die Identifikation mit der Hauptfigur praktizierte mentale Training der E-Formel als Impulskontrolltechnik lernen die Kinder dieses Verhalten kennen, bevor sie es vielleicht in wirklichen Streitsituationen ausprobieren werden. Da wir die Kinder ermutigen, auch außerhalb der Leserunde, z.B. in den Rollenspielen, die E-Formel anzuwenden, erhalten sie auch tatsächliche praktische Übung, jedoch noch in einem abgesicherten Übungsrahmen.

Mit der Übung der E-Formel während des Vorlesens versuchen wir – neben der Praxis der Rollenspiele – der aus der sozialkognitiven Lerntheorie nach Bandura (1973, 1979) abgeleiteten Forderung, Handlungsalternativen zu schaffen, gerecht zu werden, indem auch im Rahmen der Geschichten neue Handlungsformen vorgestellt werden.

In Bezug auf die ruhige Atmosphäre und das entspannte Hinlegen während des Vorlesens erwarten wir, dass die Kinder sich leichter auf die Inhalte der Geschichte konzentrieren können und das Vorfantasieren neuer Stressbewälligungsstrategien dadurch leichter stattfinden kann. Zusätzlich zu den Spielphasen der Rollenspiele, wo es um die spontane Umsetzung der vielleicht auch durch die Geschichte inspirierten Ideen geht, können Geschichte und Rollenspiel, wie oben beschrieben, methodisch sinnvoll ineinander greifen.

In Bezug auf den Prozess, Impulskontrolltechniken aus den Geschichten zu übernehmen, finden wir das positive Image des Geschichtshelden förderlich. Auf diese Weise wird der Wert der gewaltfreien Konfliktaustragung über einen von den Kindern positiv bewerteten Darsteller als Identifikationsfigur transportiert. Die Attraktivität eines neuen heldenhaften Verhaltens, das den konstruktiven Umgang mit Stress und Konflikten als erstrebenswert ansieht, könnte sich möglicherweise verändernd auf die bei den Kindern bestehende Streitkultur auswirken: Das »coole« Image der E-Formel wächst und die Kontrolle von Impulsen wird als Stärke angesehen und nicht mehr nur als ein Verhalten für »Weichlinge« betrachtet.

---

[1] Eine detailliertere Begründung dieser Schritte zur Selbstberuhigung, die den Fokus von der eingeengten Sichtweise der Stresssituation weg über die Beruhigung auf die Lösungssuche verlagert, findet sich auf den Seiten 18 und 19 des Buchs. Außerdem befindet sich dort auch eine Leseanleitung (vgl. S. 20), die Tipps zum Vortragen und zur Gestaltung der Vorlesesituation beinhaltet.

Wie wird diese Methode konkret durchgeführt?

Beim Vorlesen der Geschichten bekommen die Kinder eine Liegematte für sich allein, auf der sie sich während des Vorlesens zur Entspannung hinlegen. Während des Zuhörens können sie malen, was sie wollen[1]; Papierbögen und Wachsmalstifte liegen dafür bereit. Mit Federn auf dem Bauch können sie auch das beruhigende Atmen während der E-Formel mitüben und bei sich selbst beobachten. Gespräche sind nicht erlaubt, weil sie den Vorlesenden bei der Arbeit und die anderen bei der Entspannung stören.

Im Verlauf des Trainings begannen unsere Kinder von selbst damit, die E-Formel mitzumachen, wenn diese von den Helden in der Geschichte angewendet wurde. Wir haben beim Vorlesen daraufhin das Tempo verlangsamt und die Lesezeit der notwendigen Zeit zum Ausprobieren angepasst, um das von selbst initiierte Training der Kinder zu fördern.

 Die Aussagen aus dem Interview als auch die Ergebnisse aus einer schriftlichen Befragung im Anschluss an das Training zeigen aber , dass die Kinder die Geschichte und die damit verbundene Entspannung, im Nachhinein betrachtet, sehr schätzten. Wir stellten ihnen die Frage: »*Wie gefiel dir die Möglichkeit, dich bei der Geschichte zu entspannen?*«
Kein Kind kritisierte die Geschichte als Bestandteil der Sitzungen, drei Kinder antworteten neutral und zwei Kinder wussten nichts auf diese Frage zu sagen. 28 Kinder hingegen antworteten positiv, d.h., sie fanden das Vorlesen der Geschichte »gut«.

Uns gegenüber wurden Bedenken geäußert, dass die Kinder während der Entspannung »abdriften« könnten. Wir haben diese Erfahrung in den vier Gruppen nicht ein einziges Mal gemacht, könnten uns aber vorstellen, dass man als Anwender vielleicht eine leichte Beunruhigung diesbezüglich entwickelt. Wir denken, dass die Kinder durch das Malen, die Atemübungen mit den Federn und ihre auch in der Entspannung noch recht »quirligen« Mitschüler/innen vor einem Abgleiten in eine »Tieftrance« abgehalten werden. Daher glauben wir, dass diese Gefahr während der Geschichte so gering einzuschätzen ist, wie in anderen ruhigen Alltagssituationen auch.

Eine Nebentätigkeit ermöglicht es den Kindern auch, die eigene Anspannung während des Vorlesens zu kanalisieren, sodass sie die Mitschüler/innen und den Vorleseverlauf nicht beeinträchtigt.
Über die Geschichte und das damit verbundene Angebot zur Entspannung gab es jedoch in den Sitzungen gelegentlich von einigen Kindern abschätzige Kommentare.

Wir können also feststellen, dass die Geschichte bei den Kindern gut angekommen ist. Es ist daher nicht anzuraten, bei Zeitknappheit im Training oder aus anderen pragmatisch erscheinenden Gründen auf diesen methodischen Baustein zu verzichten, weil andere Methoden auf den ersten Blick überzeugender wirken könnten.

3. Transferfördernde Methoden

Nachdem die Kinder im Training neue Verhaltensweisen kennen gelernt und ausprobiert haben, ist es wünschenswert, dass sie diese in ihr »echtes Leben« auf dem Schulhof, in der Klasse und in ihrer Freizeit übernehmen. Erst durch diesen Transfer erzielt das Training eine Wirkung, die für die Kinder und für Außenstehende von Bedeutung ist.

Allerdings ist eine solche Umsetzung oftmals eher Hoffnung als Realität, oder, um es in den Worten Walkers (1998a) zu formulieren: »Erwarten Sie ... keine kurzfristigen radikalen Veränderungen im Alltagsverhalten der Kinder in Bezug auf Konflikte. Solche Lernprozesse brauchen – übrigens auch bei Erwachsenen – viel Zeit.« (S. 105) Trotzdem, oder gerade deshalb, ist es wichtig, auf eine Übertragung des Gelernten hinzuwirken, indem man Strukturen anbietet, in denen dies möglich ist.

Vorwegnehmen möchten wir, dass wir auch die Lehrmethoden unter dem Transferaspekt ausgewählt haben. Wir beschreiben nun den bereits eingangs erwähnten Trainingsbogen und den so genannten »Bericht aus der letzten Trainingswoche«.

3.1 Trainingsbogen

Ab der vierten Trainingseinheit wird der unten abgebildete Trainingsbogen von den Kindern in der Abschlussrunde ausgefüllt und in eine Mappe geheftet. Jedes Kind überlegt sich ein Trainingsziel bzw. eine Aufgabe, die es in der kommenden Woche üben will.

Der Bogen gibt eine Struktur vor, anhand derer die Kinder ihren Trainingserfolg selbst bewerten und überprüfen können. An vier auf die Trainingseinheit folgenden Tagen gibt der Klassenlehrer in der letzten Schul-

---

1   Die Kinder in unseren Gruppen malten entweder Bilder, die zu den Geschichten passten oder »feilten« an ihren persönlichen Lieblingsmotiven, wie z.B. Diddl-Mäusen.

stunde die Trainingsbögen aus, sodass jedes Kind für sich beurteilen kann, wie die Übung an diesem Tag geklappt hat. Später, wenn sich die Kinder an dieses Verfahren gewöhnt haben, können sie selbstständig auf ihre Bögen zugreifen.

• **Individuelle Stimmigkeit**
Im Training möchten wir jedem Kind die Möglichkeit geben, seinen eigenen für sich »stimmigen« Weg zum fairen Streiten zu entdecken und zu festigen. Daher setzt sich jedes Kind individuell eine konkrete

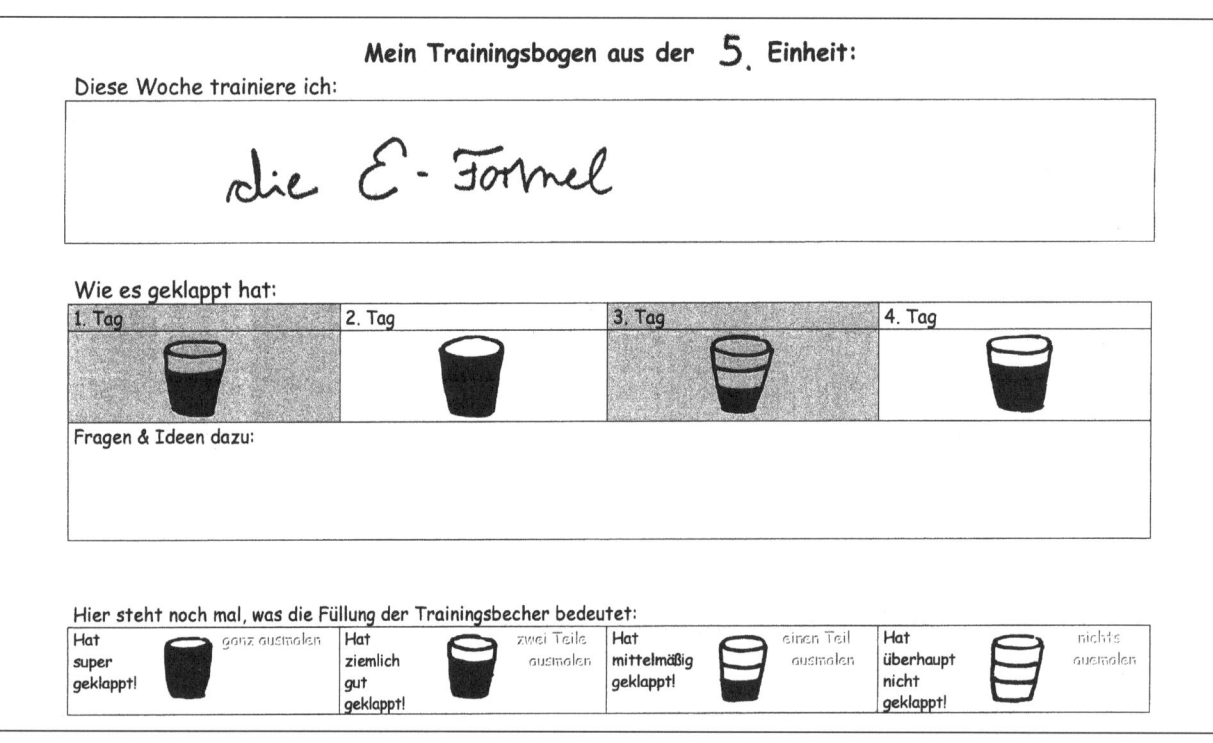

Abbildung 6: Ein ausgefüllter Trainingsbogen (Kopiervorlage siehe Anhang)

Bei der Gestaltung des Bogens versuchten wir, den sprachlichen Anteil gering zu halten, und wählten das Symbol eines Bechers, den die Kinder bis zu einer bestimmten Marke ausmalen können. Dadurch entstehen vier Abstufungen von »Hat super geklappt!« (vollständig ausgemalter Becher) bis hin zu »Hat überhaupt nicht geklappt!« (ein leerer Becher). Wenn es einmal keine Möglichkeit zu trainieren gibt (z.B. wenn ein Kind krank ist oder sich keine Situation ergeben hat), streichen die Kinder den entsprechenden Becher durch. In einem weiteren Abschnitt haben die Kinder Platz, Ideen und Fragen zu ihrer Übung aufzuschreiben.

Mit dem Trainingsbogen verfolgen wir die folgenden fünf Ziele:

• **Transferförderung**
Durch einen täglich auszufüllenden Selbstbeobachtungsbogen wird den Kindern eine höhere Verbindlichkeit signalisiert, dass sie bestimmte Trainingsinhalte tatsächlich auf »Alltagstauglichkeit« prüfen und diese ihrer persönlichen Lebenssituation anpassen.

Aufgabe, die es für sein Streitverhalten nützlich findet und in der kommenden Schulwoche immer wieder üben wird. Das kann eine der Gruppenregeln (z.B. »Ich höre den anderen zu«), ein bestimmtes Verhalten aus dem Actstorming oder der Geschichte, das das Kind beeindruckt hat (z.B. »Ich trainiere, cool zu bleiben, wenn mich jemand beleidigt, und frage nach, warum er das tut«), oder aber eine Strategie zur Wutkontrolle sein (z.B. »Ich übe die E-Formel«). Es ist wahrscheinlich notwendig, dass die Trainer/innen die Kinder dabei unterstützen, sich ein konkretes, positiv formuliertes Verhalten als Trainingsziel zu setzen (z.B. »E-Formel« anstatt »nicht wütend sein«).
Um den Kindern eine Formulierungshilfe zu geben, nennt jedes Kind seine Idee zunächst im Sitzkreis. Ein Trainer schreibt die Namen und Aussagen auf einem großen Papierbogen (Flipchart) mit, sodass die Kinder dann die Möglichkeit haben, eine der Aufgaben auf ihren Bogen zu übertragen. Kinder, die noch nicht wissen, was sie üben möchten, suchen sich aus den Vorschlägen eine Aufgabe aus.

- **Reflexion der Trainingsinhalte**

  Indem jedes Kind seine eigene Wahl nach dem Kriterium der persönlichen Relevanz (»Was war für mich besonders interessant oder wichtig?«) trifft, wird angeregt, über die Inhalte der Sitzung nachzudenken. In der anschließenden Runde, in der jedes Kind die Trainingsaufgabe nennt, für die es sich entschieden hat, und ein Trainer diese für alle sichtbar schriftlich festhält, wird die Stunde auf diese Weise resümiert. Dieses »Protokoll« wird in der nächsten Sitzung beim »Bericht aus der letzten Trainingswoche« wieder aufgenommen.

- **Anregung zur Selbstbeobachtung**

   In der Erprobungsphase nutzten wir einen ähnlich gestalteten Bogen, mit dessen Hilfe sich jedes Kind in der Einhaltung der Gruppenregeln selbst überprüfen konnte (»Regelbogen«). Zwei Drittel der schriftlich befragten Kinder bewerteten diese Methode als wünschenswert.

  Wir nehmen an, dass ihnen nicht nur die Überprüfung der Regeln gefallen hat, sondern dass sie die Tatsache als solche schätzten, sich selbst beurteilen zu können. Daher haben wir das Prinzip des Regelbogens übernommen, das zur Selbstbeobachtung anregt, und setzen es nun ein, um die individuell gesetzte Trainingsaufgabe durch die Kinder selbst überprüfen zu lassen.

- **Einbeziehen des Klassenlehrers**

  Indem das Ausfüllen des Trainingsbogens in der Unterrichtszeit geschieht, hoffen wir, das Training mehr in den Schulalltag einzubinden. Die Lehrer/innen, die im Gegensatz zu den Trainer/innen täglich mit den Kindern zusammen sind, nehmen so eine aktive Rolle im Rahmen des Programms ein. Den Kindern wird signalisiert, dass das Streit-Training nicht nach zwei (Schul-)Stunden zu Ende ist, sondern in den Schulalltag integriert ist und auch von den Lehrer/innen getragen wird.

  Die Mappen, in denen die Kinder die Trainingsbögen abheften, werden im Klassenraum aufbewahrt. Zu jeder Trainingssitzung bringen die Kinder Mappe und »Schreibzeug« mit. Nach Abschluss des gesamten Trainings besitzt jedes Kind ein Heft, in dem steht, was es gelernt und geübt hat.

  Das hier beschriebene Vorgehen erfordert eine gute Kommunikation zwischen Trainer/innen und Klassenlehrer. Er sollte über die Inhalte der aktuellen Einheit informiert sein, um in konkreten Situationen darauf zurückgreifen zu können.

3.2 »Bericht aus der letzten Trainingswoche«

Ein Bestandteil in der Anfangsrunde jeder Einheit ist der »Bericht aus der letzten Trainingswoche«. Die Trainer/innen verteilen die Trainingsmappen an die Kinder. Das »Protokoll« mit den Trainingsaufgaben wird gut sichtbar aufgehängt. Alle Kinder, die etwas zu berichten haben, melden sich. Dabei können sie sich auf positive Erfahrungen mit bestimmten Trainingsinhalten beziehen, die sie den anderen als Tipp weitergeben möchten. Genauso kann es sein, dass etwas nicht gut geklappt hat, vor dem man warnen will oder das anders besser funktioniert.

Insgesamt soll der Rückblick ein Forum sein, um Fragen zu den Trainingsinhalten zu stellen und sich über die in der »Testzeit« gemachten Erfahrungen auszutauschen. Auch hier findet eine Reflexion des Gelernten statt; inhaltliche Missverständnisse können direkt geklärt werden. Zudem erhalten die Kinder, die von ihren Erfahrungen berichten, Anerkennung von Seiten der Trainer/innen (und evtl. der anderen Kinder); bzw. eine solche wird ihnen vorenthalten, wenn sie es nicht getan haben (Verstärkungslernen).

Zugleich bekommen die Trainer/innen eine prozessbegleitende Rückmeldung, welche Trainingsinhalte die Kinder aufnehmen und tatsächlich anwenden. Die Kinder, die ihre Streitkompetenzen trainieren, fungieren eventuell als Modell und können die anderen motivieren. Um die Struktur der Gesprächsrunde nicht zu häufig zu verwenden (vorher findet die Runde mit den Gefühlsgesichtern statt), stellen wir den Kindern beim Rückblick frei, etwas zu sagen. Die Trainer/innen sollten auch hierbei darauf achten, dass jedes Kind im Laufe des Trainings an die Reihe kommt, und zurückhaltende Kinder explizit dazu einladen.

Kapitel 5:
Ich bin viele. Zum Rollenverständnis der Streittrainer/innen

Das Verhalten der Trainer/innen stellt im Streit-Training eine wichtige Variable dar. Aus diesem Grund wollen wir ein genaues Rollenverständnis ermöglichen.

Zunächst sind wir als Streittrainer/innen verantwortlich, die Trainingsgruppe zu leiten und haben damit immer die Rolle der Gruppenleitung inne. Davon ausgehend, dass potenzielle Anwender/innen bereits über Erfahrungen in der Gruppenleitung verfügen, möchten wir an dieser Stelle nur auf spezielle Leitungsaspekte eingehen.[1]

Die Hauptaufgabe der Trainer/innen im Streit-Training ist, die Einheiten inhaltlich und didaktisch vorzubereiten und dementsprechend durchzuführen. Die Trainer/innen steuern den Prozess. Die Ziele der Sitzung und einzelner Übungen machen sie transparent, damit die Kinder wissen, warum sie sich auf etwas einlassen.

Auch wenn wir die Eigenverantwortung der Kinder für den Rahmen des Trainings betonen, sind es die Gruppenleiter/innen, die Grenzen setzen und z.B. in der von uns scherzhaft genannten Rolle des »Disziplinators« auf Regelbrüche reagieren müssen. Atmosphärisch haben die Trainer/innen bzw. Gruppenleiter/innen auch die Dynamik der gesamten Gruppe und die Verfassung ihrer einzelnen Mitglieder im Blick, um sicherzustellen, dass »alle im Boot sind«. Es ist uns wichtig zu betonen, dass die Leiter/innen auch sich selbst mit ihren Möglichkeiten und Grenzen Aufmerksamkeit schenken sollten.

Neben dieser komplexen Hauptrolle als **Streittrainer/ innen und Gruppenleiter/innen** übernehmen wir sozusagen in Doppelbesetzung noch weitere »Nebenrollen«. Wir müssen daher flexibel sein, binnen kurzer Zeit in wechselnde Nebenrollen zu schlüpfen, ohne dabei unsere Hauptrolle abzulegen. Um potenzielle Trainer/innen darauf vorzubereiten, stellen wir daher vier weitere »Rollenpersönlichkeiten« vor, die bei der Durchführung des Trainings mitwirken.

Als **Moderator/innen** sehen wir uns für die Struktur verantwortlich, in der die Gruppe kommunizieren und arbeiten kann. Wir versuchen uns aus inhaltlichen Debatten herauszuhalten und begreifen die einzelnen Gruppenmitglieder als Expert/innen für die gemeinschaftliche Arbeit. »Die Rolle des Moderators wird oft mit der einer Hebamme verglichen: er bringt das Kind nicht zur Welt, er unterstützt nur die Geburt. Seine Hilfestellung bezieht sich auf das organisatorische Umfeld und den Kommunikationsprozess, d.h. auf die Meinungsbildung und die Dynamik in der Gruppe.« (Dauscher 1998, S. 27) Beispielsweise geben wir inhaltliche Fragen, die eines Meinungsaustausches bedürfen (»Warum soll ich immer nachgeben?«), erst einmal an die Gruppe zurück, anstatt sie direkt zu beantworten. Unser Handwerkszeug ist die Moderationsmethode und den Auftritt als Moderator haben wir z.B. bei der Vorstellung des Ablaufs, beim Brain- und Actstorming.

Indem wir laut »im Zwiegespräch erörtern, warum sich ein Kind oder die Gruppe in einer bestimmten Weise verhalten, was wohl in ihm (ihr) vorgeht, regen [wir] die Kinder an, sich mit der Frage auseinander zu setzen und sich vielleicht auch über das Gefragte zu äußern« (Aichinger 1993, S. 232). Wir sind dann die **Kommentator/innen** des Gruppengeschehens. Dies kann z.B. eine Umgangsform mit Disziplinproblemen sein, insbesondere dann, wenn herkömmliche Ermahnungen keine Wirkung erzielen.

Jeder Mensch kann ein **Modell** für andere Menschen darstellen – bewusst oder unbewusst, ausgesprochen oder unausgesprochen. »Mit meiner Person, mit meinem Verhalten bin ich immer Modell ... Ich kann mich nicht ›nicht-verhalten‹, sondern muss mit einem inneren Auge mich selbst beobachten und die Auswirkungen meines Verhaltens auf den Prozess und die Teilnehmer reflektieren.« (Langmaack u.a. 1998, S. 171f.)

Manchmal treten wir explizit als Modell in Erscheinung. Zum Beispiel dann, wenn wir die Instruktion für eine Übung oder ein Rollenspiel live vorspielen, anstatt diese mündlich zu geben. Oder aber, wenn wir eine neue Verhaltensweise oder einen bestimmten Handlungsablauf vorschlagen, indem wir ihn direkt auf der Bühne umsetzen. Wir haben die Erfahrung gemacht, dass die Trainer/innen als agierendes Modell die Aufmerksamkeit der Kinder stark auf sich ziehen können.

Außerdem sehen wir uns in der Rolle eines **aktiven Gruppenmitglieds**, das im Rollenspiel »ohne Gewähr« eigene Ideen ausprobiert und seine Stimmung in der Ge-

---

1 Eine ausführliche Darstellung »zur Rolle und (zum) Selbstverständnis des Leiters« finden interessierte Leser/innen bei Langmaack und Braune-Krickau (1998, S. 168ff.).

fühlsrunde nennt. Als Gruppenmitglied berichten wir beim Rückblick z.B. von eigenen Erfahrungen mit der E-Formel, wenn wir sie für die anderen informativ finden. Wir beziehen Stellung und nennen unsere Meinung. Die Kinder erleben uns so als »echte Menschen«, die auch Streit haben, die in bestimmten Situationen nicht wissen, wie sie sich verhalten sollen, die manchmal wütend sind etc.

In unserem Bestreben, »echt« zu sein, dürfen wir aber unsere Wirkung auf das Gegenüber, in unserem Fall die Kinder, nicht aus den Augen verlieren, weil wir gerade als erwachsene Gruppenleiter/innen einen nicht zu unterschätzenden Einfluss auf die Kinder haben können.

Cohn nennt diesen dynamischen Balanceakt selektive Authentizität: »Sei authentisch und selektiv in deinen Kommunikationen. Mache dir bewusst, was du denkst und fühlst, und wähle, was du sagst und tust.« (1997, S.125)

Manchmal ist es notwendig, dass beide Trainer/innen die gleiche »Nebenrolle« übernehmen, z.B. wenn sie zu zweit modellhaft eine Situation vorspielen. In der Regel ist es aber sinnvoll, dass sie ihre Rollen klar verteilen: dass beispielsweise der eine für die Moderation verantwortlich ist, während der andere als aktives Gruppenmitglied an einer Übung teilnimmt.

Praxisteil

In diesem Teil möchten wir vermitteln, wie Anwender/ innen das bisher beschriebene Programm praktisch durchführen können. Die Voraussetzungen des organisatorischen Rahmens werden ebenso geklärt wie die Umsetzung der in den Streit-Trainingseinheiten verwendeten Methoden und Übungen. Es handelt sich bei dem an dieser Stelle beschriebenen Trainingsprogramm um die revidierte Fassung, in der bereits alle Ergebnisse aus den Optimierungsphasen berücksichtigt wurden.

Außerdem stellen wir in diesem Leitfaden erstmals alle für die praktische Umsetzung notwendigen Details der Trainingseinheiten vor. Aus diesem Grund werden sich in diesem Teil einige bereits aus vorangegangenen Kapiteln bekannte Informationen wiederholen, jedoch in einer auf die Anwendungssituation bezogenen Darstellungsweise.

Kapitel 6:
Empfehlungen zum organisatorischen Rahmen

1. Zur Klassenstufe

Wir halten das Trainingsprogramm für Kinder einer dritten Klasse geeigneter als für Viertklässler/innen. Diese Feststellung gründen wir auf die folgenden Erfahrungen und Überlegungen: Zuerst einmal ist es aus pragmatischen Gründen für die Grundschule sinnvoller, schon in der dritten Klasse zu beginnen, weil die älteren Kinder aus der vierten Klasse nach kurzer Zeit die Grundschule verlassen werden und dem Einflussbereich der Schul-Streitkultur entwachsen.

Außerdem scheint uns das Arbeiten in der dritten Klasse fruchtbarer. Die Methoden werden von den Kindern freudiger begrüßt und engagierter genutzt, als es unserem Eindruck nach bei den schon stärker pubertierenden Viertklässlern der Fall ist. Auch die Ergebnisse der Evaluation des Programms lassen den Trend erkennen, dass die Kinder der dritten Klasse das Training positiver bewerteten.

Des Weiteren ist es günstig, den Kindern so früh wie möglich Verhaltensalternativen aufzuzeigen.

2. Zur Gruppengröße

Eine Gruppe sollte aus acht bis zehn Kindern bestehen, die von zwei Trainer/innen geleitet wird. Das Trainerteam setzt sich idealerweise aus einer Frau und einem Mann zusammen, damit für beide Geschlechter Identifikationspersonen zur Verfügung stehen. Da sie Moderatoren- und Modellfunktion manchmal parallel einnehmen müssen, ist das Programm auch aus rein praktischen Gründen nur von zwei Trainer/innen gemeinsam durchführbar.

Die Klasse wird geteilt, sodass der Klassenlehrer eine Klassenhälfte parallel zum Streit-Training unterrichtet. Ist der Klassenlehrer ein Trainer, so muss für eine Betreuung der anderen Hälfte der Klasse bspw. durch eine Mutter oder einen Vater gesorgt werden.

Da nicht mit der gleichen Gruppendynamik wie im Unterricht gerechnet werden kann, weil es nicht wie dort um Stoffvermittlung, sondern um intensive Gruppenarbeit im Bereich des sozialen Lernens geht, scheint es uns nicht möglich, das Training in einer größeren Gruppe wie der gesamten Klasse durchzuführen. Das intensive Eingehen aufeinander würde in einem größeren Rahmen sehr viel mehr Zeit in Anspruch nehmen, wodurch die Kinder unserer Einschätzung nach auch schneller ermüden würden.

Um die Gruppen so zusammenzusetzen, dass sie zu gleichen Teilen aus Jungen und Mädchen bestehen und etwa gleich groß sind, schlagen wir ein unaufwändiges Verfahren zur Aufteilung vor. Damit die Kinder schon an diesem frühen Punkt des Trainings ein Mitspracherecht erhalten, um einen gewissen Einfluss auf die Gruppenzusammensetzung mit ausüben zu können, geben wir ihnen folgende Anweisung: »Sucht euch eine oder einen aus eurer Klasse, mit dem ihr gerne zusammen seid.« Wir fassen die »Tandems« dann mit Blick auf das Geschlechterverhältnis zu den beiden Gruppen zusammen. Auf diese Weise hat jedes Kind für die ungewohnte Situation des Trainings einen Freund oder eine Freundin mit dabei.

Die ersten beiden Trainingstermine (also die erste Einheit zur Erstellung eines Umgangsvertrags) finden noch im Rahmen der gesamten Klasse statt. Auch der Klassenlehrer nimmt teil. Danach findet das Training in den Halbgruppen statt. Um die Gruppen wieder zusammenzuführen, schauen sie sich im Klassenrahmen die in den Halbgruppen entstandenen Videos gemeinsam an. Zum Ende des Trainings kann zur Unterstützung der Zusammenführung beider Trainingsgruppen eine »Best-of-Streit-Training-Video-Session« im Klassenverband veranstaltet werden.

3. Zur Größe und Ausstattung des Gruppenraums

Unter diesem Punkt möchten wir aufführen, welche materiellen Ressourcen für die Durchführung des Streit-Trainings zur Verfügung stehen müssen.

Der Gruppenraum sollte so groß sein, dass er den Kindern viel Bewegungsfreiheit ermöglicht. Wir halten einen großen Klassenraum für geeignet. Da auch ca. 15 Quadratmeter Platz für eine als solche definierte Bühne benötigt werden, auf der die Rollenspiele stattfinden (und die auch den Platz für die »Liegewiese« aus Matten bietet, die während des Geschichtevorlesens eingerichtet wird), reicht das Platzangebot eines kleinen Klassenraums unserer Erfahrung nach nicht aus. Außerdem sollte noch zusätzlicher Raum für den Stuhlkreis vorhanden sein.

Für alle Einheiten braucht man mindestens zwei Stellwände und eine Tafel (o. Ä.), genügend Stühle, einen Tisch, Kartenmaterial, leere Packpapier-Plakate, Stifte, Kreide.

Fernsehgerät, Videoausrüstung zum Aufnehmen und Abspielen sowie ein Musikabspielgerät gehören zur »medialen« Grundausstattung des Trainingsraums.

4. Zum zeitlichen Rahmen

Die zwölf Einheiten werden in einwöchigem Abstand durchgeführt. Die Kinder benötigen unserer Ansicht nach Zeit zum Üben und Reflektieren zwischen den Sitzungen, um einen Transfer des Verhaltens auf die Alltagssituationen zu leisten. Daher erscheint uns eine Durchführung der Inhalte »en bloc«, einem Crashkurs vergleichbar, nicht empfehlenswert.

Die Durchführung der einzelnen Einheiten lässt sich mit einiger Eile in zwei Schulstunden bewältigen. In unserem Fall haben wir eine Einheit in 95 Minuten durchgeführt, wobei in dieser Zeit keine Pause auf dem Schulhof stattfand. Wir möchten aber dazu raten, sich und den Kindern mehr Zeit zu reservieren. Der zeitliche Umfang der Trainingseinheiten schien uns in unserem Versuchsrahmen oft zu knapp bemessen zu sein. Wir hatten als Trainer/innen während der Sitzungen oft das Gefühl, mit der Zeit »im Nacken« durch eine zu dicht geplante Einheit gehetzt zu sein.

Unbedingt empfehlenswert ist es, zwei Zeitstunden zur Verfügung zu haben, in die eine Pause von etwa zwanzig Minuten eingerechnet ist.

Zudem stellt das Programm inhaltlich einen sehr komprimierten Vorschlag dar, den man in weiteren Terminen vertiefend behandeln kann.

Unserer Auffassung nach hat die Kinder die eher dichte Planung nicht so sehr gestört wie uns und sie scheint von vielen Kindern gar nicht als solche wahrgenommen worden zu sein. Wir meinen aber, dass zur Aufarbeitung von Störungen im Gruppengeschehen oder anderen unvorhergesehenen Ereignissen zeitliche »Puffer« zur Verfügung stehen müssen. Dann wäre auch in jeder Sitzung Zeit für zusätzliche Bewegungsspiele, kurze thematische Exkurse und Variationen der Rollenspiele gegeben.

An dieser Stelle möchten wir darauf hinweisen, dass das vorliegende Trainingsprogramm nur ein Kennenlernen von neuen Verhaltensweisen ermöglicht. Unabdingbar ist es, das Kennengelernte im Unterricht, in Vertretungs- und/oder Klassenratsstunden weiter zu üben, sodass ein vertiefendes »Über-Lernen« stattfinden kann und den Kindern das Verhalten in Stresssituationen spontan zur Verfügung steht.

5. Zur Einbindung der Lehrer/innen in das Streit-Training

Wir möchten dazu raten, dass nach jeder Einheit des Streit-Trainings der Klassenlehrer genaue Kenntnis der vermittelten Inhalte und Strategien erhält. Damit ein kurzes Gespräch zum Austausch ausreicht, sollte der Lehrer das Konzept und die Sitzungen des Trainings bereits kennen, d.h., er sollte das Programm vorab gelesen haben.

Da der Klassenlehrer den Kindern beim Ausfüllen der Trainingsbögen assistiert und mit ihnen die Rollenspiellösungen aus dem Training nach jeder Einheit zusammen anschaut, muss er schon aus diesem Grunde Bescheid wissen, um was es sich z.B. bei einer »E-Formel« handelt. Mit diesem Wissen kann er die Kinder in der Pause oder im Unterricht dazu anregen, eine neue Verhaltensweise auszuprobieren.

Mit dem ganzen Kollegium sollte einmal im Monat ein kurzes Informationstreffen abgehalten werden, in dem die anderen Lehrer/innen den gleichen Kenntnisstand erhalten wie die Klassenlehrerin. Zur Veranschaulichung der jeweiligen Lernsituationen könnten, wenn die Kinder damit einverstanden sind, auch hier Ausschnitte aus den Videos mit den Rollenspiel-Streitlösungen gezeigt werden.

Mit diesen wenig aufwändigen Maßnahmen ließe sich das Kollegium leicht einbinden, die Veränderungen der Streitkultur und das Verständnis konstruktiver Konfliktlösung mit zu tragen. Außerdem können die Lehrer/innen die Kinder beim Transfer der neuen Verhaltensweisen ins »echte Leben« unterstützend begleiten.

6. Zur Implementierung des Trainings

Wenn das Ziel besteht, das Streit-Training an der Schule langfristig zu etablieren, ist es unserer Meinung nach praktisch und mit Blick auf die zusätzlichen Kosten, die für externe Trainer/innen in der gegenwärtigen Organisationsform von Schule anfallen, realistisch, dass die Durchführung des Trainings über kurz oder lang in die Hände von Personen gelegt wird, die an der Schule angestellt sind. Für den Start empfehlen wir, Teams aus internen und externen Trainer/innen zu bilden, sodass Einsteiger/innen die Methoden in der Zusammenarbeit kennen lernen und anleiten können.

Diese »schulinternen« Personen können dann die folgenden Trainings gemeinsam leiten und haben es auf Grund der Erfahrungen sicher einfacher bei der Durchführung.

Kapitel 7:
Die Trainingseinheiten

Wir möchten nun die genauen Ablaufpläne der zwölf Trainingseinheiten vorstellen, aus denen das Streit-Training besteht. So wie die Sitzungen an dieser Stelle erscheinen, haben wir sie – nach der Erprobungsphase – in vier weiteren Gruppen durchgeführt.

1. Trainingseinheit: Kennenlernen und die Umgangsregeln in der Gruppe erarbeiten (1. Termin)

Titel der Ablaufkarten[1]	Material	Zeit
Anfangsrunde	Flipcharts: • Herzlich Willkommen • Was ist Streit-Training? • Ablauf, Ablaufkarten, Pfeil	
Namensspiel	3 Kissen	
Regeln für den Umgangsvertrag erarbeiten	• Ein Plakat mit der Regel und ein passendes Bild dazu • Karten, Klebepunkte und 2 Pinnwände • Loszettel • Klappe und Namensschilder (auf Kreppband)	
Schlussrunde	Gefühlsgesichter	

Ziel dieser Einheit:

Strukturell zeichnet sich diese Einheit dadurch aus, dass sie mit allen Kindern der Klasse, den Trainer/innen und dem Klassenlehrer stattfindet. Die Anwesenheit des Lehrers setzt ein Zeichen, dass auch er hinter dem Streit-Training steht. In dieser Einheit lernen sich die Kinder und die Trainer/innen kennen. Gemeinsam werden Regeln erarbeitet, die später den Rahmen darstellen für die Zusammenarbeit in den Halbgruppen. Die Regeln werden so besser verankert, da es den Kindern leichter fällt, sich daran zu halten, wenn es ihre »eigenen« sind. Das Erarbeiten der Regeln im Klassenverband ist fruchtbar, aber auch sehr anstrengend für Kinder und Trainer/innen. Daher sollte die Verabschiedung des sog. Umgangsvertrages, d.h. die Einigung auf bestimmte Regeln und das »feierliche« Unterschreiben des Vertrages an einem weiteren Termin erfolgen.

---

1 In dieser Rubrik benennen wir die Bausteine der Einheit kurz und in einer kindgerechten Sprache. Sie können diese Vorschläge als Titel für die Karten nutzen, mit denen Sie den Ablauf der Einheit vorstellen.

 Anfangsrunde

• Begrüßung und Vorstellung der Trainer/innen
• Input: Was ist Streit-Training?

  – Streiten ist normal.
  – Wir lernen, fair zu streiten (d.h. zu streiten ohne Schlagen und Beleidigen).
  – Wir probieren aus, wie man das machen kann.

Die Trainer/innen sollten hier deutlich machen, welchen Wert faires Streiten für sie hat und weshalb sie es sinnvoll finden, so etwas zu lernen. Zum Beispiel:

»Streiten gehört zum menschlichen Miteinander dazu. Dabei ist es wichtig, dass man nach einem Streit weiterhin miteinander auskommt. Und man kann nach einem Streit sogar richtig gut befreundet bleiben. Nämlich dann, wenn man fair, eben ohne sprachliche und körperliche Fouls, streitet.«

- Der Rahmen des Trainings: Machen Sie Dauer und Regelmäßigkeit bekannt.
- Was heute passiert: den Ablauf von heute an der Pinnwand vorstellen und das Tagesziel erklären (Kennenlernen und Gruppenregeln).

Abbildung 7: Zur Begrüßung

🏃 Namensspiel: Tim Terminator

✍ abgewandelt nach: Kirchner 1995, S. 123.

In einer Vorrunde wird ein Kissen im Kreis herumgegeben. Jeder sagt seinen echten Namen und den seines Helden (z.B. Tim Terminator).

Sagen Sie den Kindern, dass sie sich diese Namensverbindung gut merken sollen, weil gleich damit gespielt wird. Klären Sie kurz mit den Kindern, was ihnen allen an ihrem jeweiligen Helden gefällt, oder was besonders an ihm ist. Das lässt ein kleines Gespräch entstehen, Interesse erkennen und hilft bei der Einprägung der Namen.

☞ Es ist günstig, einige Held/innennamen in petto zu haben. Manche Kinder haben keine Idee, weil sie unbedingt den tollsten Helden für sich wählen wollen. Kalkulieren Sie etwas Zeit dafür ein, und relativieren Sie dieses Entscheidungsproblem dahingehend, indem Sie den Kindern erklären, dass der Name nur für dieses Spiel von Bedeutung ist.

Das Kissen wird danach zu einer Person geworfen, während der »Werfer« den echten Namen und den Heldennamen dieser Person ruft. Daraufhin kann die aufgerufene Person das Kissen zu einem anderen »Helden« werfen und muss dessen Namenskombination sagen. Zur Tempo- und Spaßsteigerung kann die Anzahl der im Kreis herumfliegenden Kissen auf bis zu drei erhöht werden.

☞ Damit Sie einmal selbst erleben können, was die Kinder an ihren Helden so fasziniert, möchten wir Sie dazu anregen, die von ihnen genannten Filme und Serien anzuschauen (z.B. »Xena«, »Sailormoon«, »Jackie Chan«, Actionfilme, »Pokémon«). Vergessen Sie dabei »einfach« Ihre pädagogischen Ansprüche und spüren Sie dem Reiz dieser Figuren nach …

Regeln für den Umgangsvertrag erarbeiten

- **Einleitung: Warum machen wir einen Umgangsvertrag?**
  Erklären Sie den Kindern, warum man in Gruppen Regeln braucht. Sie können zur Veranschaulichung auf die Spielregeln beim Fußball verweisen, die einen Rahmen für alle Spieler darstellen, den es geben muss, damit überhaupt ein gemeinsames Spiel stattfinden kann.

- **Demonstration zu der Regel »Wenn mich etwas stört, sage ich es.«**
  Die beiden Moderator/innen spielen die folgende Szene vor, in der sich beide nicht an die Störungsregel (»Wenn mich etwas stört, sage ich es.«) halten:
  Beide Darsteller malen. Die eine fragt den anderen zwischendurch etwas und nimmt seine Stifte. Dadurch wird er immer wütender, bis er das Bild knüllt und auf den Boden schmeißt.
  Fragen Sie die Kinder: *»Was ist da passiert? Kennt ihr solche Situationen? Habt ihr Ideen, was die besser machen können?«*

  Auf der anderen Seite der Bühne (sozusagen wie im Spiegel) spielen die beiden Moderator/innen nun vor, wie sie sich an die Störungsregel halten:
  Spielen Sie die gleiche Situation wie oben. Relativ schnell sagt dann jedoch der eine: *»Ich kann nicht malen, wenn du dauernd quatschst.«* Der andere sagt: *»Okay. Deshalb stöhnst du so. Kann ich verstehen. Kann ich denn deine Stifte mitbenutzen?«* Antwort: *»Finde ich nicht so toll. Aber ausnahmsweise.«*
  Sie können zur Illustration das Regelbild »Stein im Schuh« aufhängen und den Kindern diese Metapher

erklären, indem sie erwähnen, wie störend ein Stein im Schuh sein kann, wenn man sich auf einer Wanderung befindet und ihn nicht beseitigt.

- **Brainstorming: »Wenn es bei euch in der Klasse richtig stressig zugeht und ihr genervt von den anderen seid, was passiert da eigentlich genau?«**
  Im Sitzkreis wird nun gesammelt, was die Kinder in der Klasse stört. Ein Trainer schreibt die Äußerungen auf Karten mit und heftet sie anschließend an eine Pinnwand.
  Wenn manchen Kindern dazu nichts Konkretes einfällt, kann man fragen, ob sie solche Störungen denn schon bei anderen Kindern beobachten konnten.

  ☞ Da es den Kindern oft schwer fällt, ihre Störungen abstrakt zu beschreiben, und da sie sie an Beispielen deutlich machen (»Ich finde doof, dass Sinan mich immer an den Haaren zieht.«), die sich auf anwesende Kinder beziehen können, fühlen sich diese eventuell angegriffen und beschuldigt. Hier bedarf es einer klaren Moderation, die deutlich macht, das es hier nicht um gegenseitige Schuldzuweisungen gehen soll, sondern darum, anhand der Störungen herauszufinden, wie sich alle den Umgang in der Klasse wünschen. Die Kinder sollten zudem versuchen, keine Namen zu nennen, und die Moderator/innen die Störungen allgemein formuliert auf Karten festhalten (»an den Haaren ziehen«). In jedem Fall ist es gut, im Auge zu behalten, dass es sich um einen brenzligen und sensiblen Bereich handelt, bei dem sowohl die Kinder, die ihre Störungen offen ansprechen, wie auch die, deren Namen dabei genannt werden, gleichermaßen geschützt werden müssen.

- **Punktwahl: »Wen stört das auch?«**
  Jedes Kind bekommt zwei bis drei Klebepunkte, mit denen es die Karten beklebt, auf denen die Situationen stehen, die es am ehesten stören. Die beiden meistgewählten Karten werden für die folgende Spielaufgabe in den zwei Halbgruppen genutzt.

- **Arbeit in den Halbgruppen: Vorbereitung der Rollenspiele**
  Erstmals gehen die Kinder nun in die Halbgruppen, die bereits vor der ersten Einheit gebildet wurden. Die Trainer/innen der jeweiligen Halbgruppe gehen mit den entsprechenden Kindern in unterschiedliche Räume. Pro Gruppe gibt es jeweils eine Karte, auf der die gewählte Spielsituation steht.
  In jeder Halbgruppe werden nun durch Losen zwei Kleingruppen gebildet: Eine Gruppe spielt das »Störverhalten« (A), die andere danach das »Wunschverhalten« (B). Jedes Kind bekommt dafür ein Namensschild (z.B. mit Klebeband). Die Namen in den beiden Kleingruppen sind gleich, sodass jedes Kind in der anderen Kleingruppe einen Namensvetter hat.
  Instruktion für Kleingruppe A: »Macht mal vor, wie die Situation auf der Karte bei euch aussieht. Alle aus eurer Kleingruppe sollen dabei mitspielen.«
  Die andere Kleingruppe B erhält beim Einüben der Vorführung von Kleingruppe A die Instruktion: »Ihr müsst gut aufpassen, was das Kind mit dem gleichen Namen macht. Denn gleich sollt ihr das wünschenswerte Gegenteil auf der Spiegelseite vormachen.«
  Kleingruppe B spielt danach die gegenteilige Situation vor.
  Die Trainer/innen unterstützen die Kinder bei der Gestaltung des Rollenspiels. Geben Sie ihnen auch einige Tipps zur Darstellung. Folgende Fragen bieten sich dafür an: »*Wo spielt die Szene? Wie ist die zeitliche Abfolge? Wie kann man das für das Publikum darstellen* (z.B. laut flüstern, damit das Publikum den Sinn verstehen kann)?«

- **Vorstellung der vier Rollenspiele auf der Bühne im Plenum:**
  Eine Kleingruppe A spielt dem Publikum aus allen Kindern und den Trainer/innen die Szene mit dem Störverhalten vor. Dabei macht es den Kindern Spaß, richtig »vom Leder zu ziehen«. Im Anschluss daran präsentiert die zweite Kleingruppe B das entsprechende Wunschverhalten.
  Helfen Sie anschließend den Kindern, die dahinter steckende Regel zu entdecken und diese positiv zu formulieren, z.B. »wir gehen freundlich miteinander um« statt »es wird nicht gepöbelt«.
  Danach erfolgt der Wechsel: Die andere Halbgruppe stellt ihre beiden Rollenspiele vor. Die dahinter stehende Regel wird nun auch benannt.

  ☞ In der praktischen Erprobung haben wir die Erfahrung gemacht, dass an dieser Stelle die »Luft raus ist«. Um den Umgangsvertrag nicht nur abzuhaken, sondern ihn bewusst zu verabschieden, ist dies ein günstiger Zeitpunkt, an dem man die Arbeit unterbrechen und am nächsten Termin fortsetzen kann.

```
Schlussrunde
```

- **Runde mit den Gefühlsgesichtern**
Im Sitzkreis stellen Sie den Kindern verschiedene Gefühlsausdrücke vor, die Sie auf runde Karten gemalt haben (wütend, fröhlich, erschrocken, zufrieden). Die Kinder können währenddessen raten, welches Gefühl durch das Gesicht ausgedrückt werden soll.

Die Kinder suchen sich nun nacheinander ein Gefühlsgesicht aus, das zu ihrer momentanen Stimmung passt, und halten es verborgen, sodass die anderen es noch nicht sehen können. Die Trainer/innen nehmen ebenfalls an der Runde teil. Der Reihe nach deckt nun jeder seine Karte auf. Die Trainer/innen können das jeweilige Kind anregen, noch etwas zu diesem Gefühl zu sagen (z.B. »*Was hat dich … gemacht?*«). Fragen Sie die Kinder anschließend, ob sie ein Gefühl vermisst haben. Das Repertoire an Gefühlsausdrücken wird im Laufe des Trainings erweitert (Vorlagen siehe Anhang). Berücksichtigen Sie dabei die Wünsche der Kinder.

☞ Es kann vorkommen, dass manche Kinder (insbesondere Jungen) die Gefühlskarte nach dem »coolsten« Gesichtsausdruck auswählen. So war in unserer Runde anfangs sehr häufig das wütende Gesicht vertreten. Das kann auch beim Einführen eines neuen Gefühlsausdrucks vorkommen.
Hier ist es wichtig, einfach immer wieder zu fragen, wie sich die einzelnen Kinder jetzt gerade fühlen. Wenn sich die Runde etabliert hat, werden die Aussagen der Kinder zunehmend authentischer.

- **Verabschiedung**

1. Trainingseinheit: Den Umgangsvertrag verabschieden (2. Termin)

Titel der Ablaufkarten	Material	Zeit
Anfangsrunde	Gefühlsgesichter	
Blinzeln		
Den Umgangsvertrag verabschieden	• Das Plakat mit den Regelvorschlägen • Die Ergebnisse vom vorherigen Termin • Evtl. bereits Bilder zu den Regeln • Evtl. Limonade und Becher zum Anstoßen	
Maschine	Gefühlsgesichter	
Schlussrunde		

Ziel dieser Einheit:

Diese Einheit stellt die Fortsetzung der vorherigen dar. In diesem Fall ist es anzuraten, dass sie ausnahmsweise noch in der gleichen Woche stattfindet, weil es sich bei den beiden Terminen inhaltlich um eine zusammenhängende Einheit handelt, die geteilt wird, um die Konzentrationsfähigkeit der Kinder nicht zu überfordern. Das Setting ist das gleiche wie am ersten Termin (Klassenverband, Klassenlehrer, alle Trainer/innen). Gegebenenfalls reicht eine Schulstunde aus, dann wird nur eine kurze Anfangsrunde durchgeführt und der Umgangsvertrag verabschiedet.

Während beim letzten Mal bereits drei Regeln formuliert wurden, werden diese heute um weitere ergänzt, abgestimmt und verabschiedet. Außerdem muss eine Absprache getroffen werden, was passiert, wenn sich jemand nicht an die Regeln hält.

Anfangsrunde

- Begrüßung
- Runde mit den Gefühlsgesichtern, die sich die Kinder beim Ankommen ausgesucht haben
- Fragen Sie nach, ob vom letzten Mal noch etwas unklar geblieben ist
- Was heute passiert: Vorstellung des Ablaufs am Metaplan

Blinzeln

Spielziel: Konzentration, Wahrnehmung, Warming-up

Es gibt halb so viele Stühle wie Personen und einen zusätzlichen Stuhl. Alle sitzen im Kreis auf den Stühlen bzw. stehen als »Bewacher« hinter den Stühlen mit den Händen auf dem Rücken. Derjenige, der keinen Bewacher hat, fängt an, jemandem aus dem Stuhlkreis zuzublinzeln. Bemerkt der »Angeblinzelte« das, versucht er, dem »Blinzler« zu entkommen. Der Bewacher versucht, ihn festzuhalten. Schafft er es, bleibt der Fluchtversuch erfolglos und ein anderer wird angeblinzelt. Schafft er es nicht, flieht der Angeblinzelte zu dem Blinzler und wird nun dessen Bewacher. Der Bewacher, der verlassen wurde, setzt sich auf den frei gewordenen Stuhl und fängt an zu blinzeln.

Den Umgangsvertrag verabschieden

- **Besprechung im Sitzkreis: »Welche Regeln brauchen wir noch?«**
  Zunächst sollten Sie das bereits Erarbeitete mit den Kindern gemeinsam wiederholen. Dabei hilft es, wenn das Ergebnis des Brainstormings (»Was stört in der Klasse?«) und die drei formulierten Regeln gut sichtbar sind.
  In Bezug auf das Brainstorming wird nun besprochen, welche Regeln zusätzlich gelten sollen. Eine mögliche Anregung für die Ideenfindung: »Ihr könnt auch mal gucken, welche Regeln zwischen euch gelten, wenn ihr es nett findet in eurer Klassengemeinschaft!« Die Regeln müssen mit den Zielen des Streit-Trainings vereinbar sein: Das heißt, alle Teilnehmer haben die gleichen Rechte und Pflichten und verzichten auf verbale und körperliche Angriffe.

übernommen aus: Preuschoff/Preuschoff 1992, S. 79f.

● **Den Umgangsvertrag verabschieden und unterschreiben:**

Insgesamt sollten es nicht mehr als vier bis fünf Regeln werden, auf die sich die Gruppe einigt. Die Abstimmung erfolgt über Handzeichen. Es ist wichtig, dass die Regeln einstimmig beschlossen werden. Falls jemand einer Regel absolut nicht zustimmen möchte, fragen Sie ihn, was er braucht, damit er sie annehmen kann.

Die gewählten Regeln werden auf ein großes Plakat geschrieben, das die Überschrift trägt: »Ich halte mich an unseren Umgangsvertrag.«

Abbildung 8: Umgangsvertrag

Halten Sie noch Platz frei für Bilder, die die Regeln später illustrieren sollen und die Sie zum nächsten Mal mitbringen (falls Sie sie noch nicht vorbereitet haben).

Alle Kinder und die Trainer/innen unterschreiben den Vertrag anschließend feierlich. Eventuell können Sie mit den Kindern auf den Start des Streit-Trainings mit Limonade anstoßen.

Die Regeln können im Bedarfsfall in späteren Sitzungen gemeinsam erweitert oder erneuert werden.

● **Absprache: Was passiert bei Regelbruch?**

Nun muss noch eine Absprache getroffen werden, was passiert, wenn sich ein Kind dauerhaft nicht an die Regeln hält. Um das Vorgehen abzukürzen, schlagen die Trainer/innen etwas vor (z.B. das System der Gelben und Roten Karten, s. S. 87) und fragen nach, ob die Kinder andere Ideen haben, die besser funktionieren könnten. Vielleicht kennen die Kinder auch annehmbare sanktionierende Maßnahmen aus anderen Zusammenhängen. Es ist hierbei wichtig, dass Sie sich mit diesen Maßnahmen wohl fühlen, weil Sie als Trainer/innen verantwortlich für das Setzen von Grenzen und die Anwendung der Sanktionen sind!

🏃 Maschine

Spielziel: Bewegung, Kooperation

Die Gruppe steht im Kreis, ein mutiges Kind (und notfalls ein Trainer) begibt sich in die Mitte und beginnt damit, eine spezielle Bewegung und ein Geräusch zu machen, die aus der Welt der Technik stammen. Daraufhin gesellen sich die anderen nacheinander zu ihm und ergänzen das Bild mit einem neuen Geräusch und einer Maschinenbewegung. Nach und nach schwillt das ganze zu einem ohrenbetäubenden Getöse an und gibt ein pulsierendes Bild ab. Wenn jeder »eingebaut« ist, darf noch einmal zu Hochtouren aufgelaufen werden, indem alle ihr Tempo beschleunigen. Bis sich das Inferno in Luft auflöst ...

💡 Schlussrunde

● Die Kinder und Trainer/innen zeigen kurz mit dem Daumen ihre momentane Befindlichkeit an:

 für: »Mir geht es richtig gut.«

Ausgestreckte Handfläche für: »Mir geht es einigermaßen gut.«

 für: »Mir geht es schlecht.«

● Verabschiedung

2. Trainingseinheit: Was bedeutet eigentlich »Streit-Training«?

Titel der Ablaufkarten	Material	Zeit
Anfangsrunde	Gefühlsgesichter, Karten für die Ablaufvorstellung, Regelbilder	◔
Versteinert	Schnelle Musik, Abspielgerät	◷
Baumstammspiel	Klebeband, Visualisierung der Instruktion, Karten oder Papier zum Mitschreiben, Klappe, großes Plakat mit drei Rubriken (fair – unfair – weiß nicht)	◕
Armdrücken	Smarties, Tische, Stühle, Stoppuhr	◷
Geschichte	Buch, Malutensilien, Matten	◕
Schlussrunde		◷

Ziel dieser Einheit:

Es geht darum, einen Einstieg in das Thema zu finden. Die grundlegenden Begriffe »Konflikt« und »fair« werden eingeführt. Daneben lernen die Kinder spielerisch das Prinzip des Actstormings kennen, das als Hauptelement jeder Rollenspielphase vorkommt.

 Anfangsrunde

- Begrüßung
- Runde mit den Gefühlsgesichtern, die sich die Kinder beim Ankommen ausgesucht haben
- Fragen Sie nach, ob vom letzten Mal noch etwas unklar geblieben ist
- Aufhängen der noch ausstehenden Bilder, die die Regeln veranschaulichen sollen und eine kurze Wiederholung der Regeln. Falls Kinder beim letzten Mal gefehlt haben, können sie nun den Umgangsvertrag unterschreiben
- Was heute passiert: Vorstellung der Einheit am Ablaufplan

Versteinert

Spielziel: Bewegung, Hinführung ans Rollenspiel

Während die Musik läuft, tanzen oder rennen alle durch den Raum. Bei Musikstopp sagt der Spielleiter an: »*Alle stehen versteinert (d.h. still und ruhig) wie*

- *ein Boxer,*
- *ein Balletttänzer,*
- *eine, die wütend ist,*
- *einer, der traurig ist,*
- *einer, der Angst hat,*
- *eine, die fröhlich ist.*«

 Baumstammspiel

📖 abgewandelt nach: Lünse, Rohwedder / Baisch 1998, S. 56.

Spielziel: Begriffseinführung, Hinführung ans Rollenspiel, Kooperation

Es ist günstig, zunächst das Vorgehen im Sitzkreis anhand einer Visualisierung zu erklären:

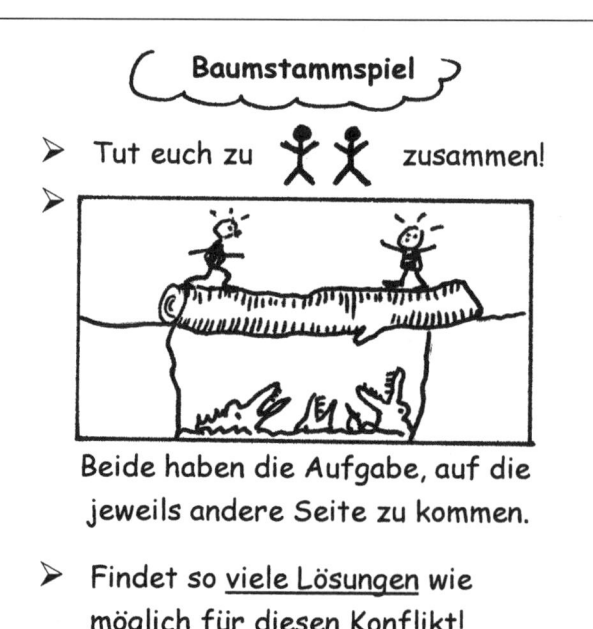

Abbildung 9: Baumstammspiel-Plakat

Jedes Kind sucht sich einen Partner. Bei ungerader Teilnehmerzahl spielt einer der beiden Trainer/innen mit.

Nun bekommt jedes Tandem einen »Baumstamm« zugewiesen, der durch zwei Klebestreifen auf dem Boden dargestellt wird. Der Abstand zwischen den beiden Klebestreifen sollte ungefähr 30 cm betragen, die Baumstammlänge ist mit zwei Metern ausreichend bemessen.

Die Kinder stehen jeweils an einem Ende des Stammes. Beide haben nun die Aufgabe, auf die gegenüberliegende Seite zu gelangen. Dabei darf der Baumstamm nicht verlassen werden, weil er über eine Schlucht führt, in der viele Krokodile lauern. Instruktion für die Tandems: »Wie könnte diese Situation ausgehen? Findet so viele Ausgänge für diesen Konflikt wie möglich!«

Fragen Sie nach, ob den Kindern das Wort »Konflikt« bekannt ist, und erklären Sie es gegebenenfalls. Wir haben die Erfahrung gemacht, dass sich immer Kinder finden, die das Wort erklären können (z.B. »Auseinandersetzung«, »wenn zwei mit ihren Meinungen aneinander stoßen«). Teilen Sie den Kindern mit, dass sie sich ihre Lösungen merken sollen, da sie anschließend auf der Bühne vorgeführt werden.

Zunächst müssen sich die Kinder ohne Worte verständigen. Erst im zweiten Durchlauf dürfen sie sich auch absprechen.

Auf der Bühne werden nun alle Ideen vorgemacht, wobei jedes Paar erst einmal nur eine Lösung vorspielt.

Ein Trainer schreibt die verschiedenen Ideen auf Karten mit und pinnt sie an die Stellwand. Die Kinder freuen sich, wenn sie auch ihren Namen auf den Karten wieder entdecken können. Es ist günstig, die Zahl der Vorführungen auf ca. zehn zu beschränken, weil es sonst zäh werden kann.

Die Karten mit den Lösungsideen werden im Sitzkreis an die Kinder verteilt, jedes kann nun eine Lösung vorlesen und in eine der drei Rubriken »fair – unfair – weiß nicht« einsortieren. Sprechen Sie mit den Kindern über deren Fairness-Begriff.[1]

Im Anschluss kann das entstandene Plakat noch von einem Trainer zusammengefasst werden. Geben Sie den Hinweis, dass es im Streit-Training darum gehen soll auszuprobieren, wie man sich in Streitsituationen fair verhalten kann.

☞Anhand der Erfahrungen im Baumstammspiel kann man den Kindern die eskalierende Spirale von Machtspielen verdeutlichen. Wenn z.B. später in einer Rollenspielsituation keine konstruktive Lösung gefunden wird, sondern stattdessen eine Eskalation im Sinne einer Sieg-Niederlage-Orientierung im Raum steht (»Ich geh hier nicht weg, geh du doch weg!« – »Nein, du sollst gehen.«), dient das Baumstammspiel als Metapher. (Beide stehen auf dem Baumstamm, keiner rückt von der Stelle und es entsteht der Kampf darum, wer stärker ist.) Sie können dann an die kooperativen Lösungen aus diesem Spiel erinnern. (Der Stärkere hebt den Leichteren auf die andere Seite vom Baumstamm.)

🏃 | Armdrücken

📖 abgewandelt nach: Walker, J. 1998b, S. 108.

Spielziel: den Vorteil von Kooperation erfahren (aufbauend auf den Erfahrungen aus dem Baumstammspiel)

Es finden sich jeweils zwei gleich starke Kinder zusammen und suchen sich einen Tisch, an dem sie »Armdrücken« spielen können.

Es gibt folgende Instruktion: Jedes Mal, wenn die Hand eines Kindes den Tisch berührt, gibt es später ein Smartie. Die Kinder müssen die Punkte selbst zählen. Nach 20 Sekunden Spielzeit erkundigen Sie sich nach dem aktuellen Smartie-Stand der Paare (!) und schreiben ihn an die Tafel. Nun können Sie die Kinder fragen, ob es für die Tandems eine Möglichkeit gibt, sich noch mehr Smarties zu verdienen: *»Wer hat eine Idee?«* Die Kinder dürfen nun weitere 20 Sekunden nach der neuen Methode spielen, indem sie nämlich abwechselnd die Arme zur Tischfläche hin- und herbewegen. Dabei müssen sie wieder mitzählen. *»Was ist nun der Smartie-Stand der Paare?«* Die Paare sollen sich nun entscheiden, welchen Stand sie »ausgezahlt« bekommen wollen: den »Gegeneinander-Stand« oder den »Miteinander-Stand«.

---

1 Wir sehen nach Gordon (1979) diejenigen Lösungen als fair an, die für beide Konfliktpartner einen gewissen Nutzen (»Niederlage-lose Methode«) darstellen und die Beziehung zwischen ihnen nicht gefährden. Unfaire Lösungen sind durch eine eindeutige »Sieg-Niederlage-Orientierung« charakterisiert (den Verlierer fressen die Krokodile).

Geschichte

 Schlussrunde

 übernommen aus: Dörner et al. 1995.

In dieser Trainingseinheit wird mit dem Vorlesen der Geschichte begonnen. Die Kinder legen sich auf Matten. Sie können auswählen, ob sie nur zuhören, dabei malen oder die Entspannungs-Formel mitüben möchten.[1]

- Die Kinder und Trainer/innen zeigen kurz mit dem Daumen ihre momentane Befindlichkeit an:

 für: »Mir geht es richtig gut.«

Ausgestreckte Handfläche für: »Mir geht es einigermaßen gut.«

 für: »Mir geht es schlecht.«

- Verabschiedung

---

1 Zur genauen Durchführung des Vorlesens der Geschichte s. S. 30.

3. Trainingseinheit: Streitsituationen sammeln

Titel der Ablaufkarten	Material	Zeit
Anfangsrunde	Gefühlsgesichter, Karten für die Ablaufvorstellung,	
Gefühle raten	Evtl. 3 Neutralmasken, gefüllte Filmdöschen, Karten (mit den darzustellenden Gefühlen und den Alternativen)	
Streitbilder malen	Tische, DIN-A-3-Bögen, Malzeug, Tischvorlagen, Schreibsachen für die Trainerlinnen, leise Hintergrundmusik	
Mein Held in action	Musik, ein auffälliger Hut, eine Tröte	
Geschichte	Buch, Federn, Malutensilien, Matten	
Schlussrunde		

Ziel dieser Einheit:

Die Kinder erhalten die Möglichkeit, sich über das Malen intensiver mit ihrem eigenen Bezug zum Trainingsthema auseinander zu setzen.

Es geht in dieser Sitzung außerdem darum, über die Bilder der Kinder von ihren Streitsituationen zu erfahren. Aus diesem Material können dann Fälle für die Rollenspiele konstruiert werden, die an den konkreten Erfahrungsschatz der Kinder anknüpfen.

Oder Sie überprüfen anhand der Bilder und Berichte, ob die im Streit-Training vorgeschlagenen Konflikt-Rollenspiele auch für Ihre Gruppe relevant sind.

Anfangsrunde

- Begrüßung
- Runde mit den Gefühlsgesichtern, die sich die Kinder beim Ankommen ausgesucht haben
- Fragen Sie nach, ob vom letzten Mal noch etwas unklar geblieben ist
- Was heute passiert: Vorstellung des Ablaufs am Metaplan

Gefühle raten

Spielziel: Empathietraining, Hinführung ans Rollenspiel

Erklären Sie den Kindern, dass es in dieser Übung darum gehen wird, Gefühle zu erraten, die pantomimisch dargestellt werden.

Kleingruppenaufteilung: Filmdosen-Losen

Die Kinder werden zuerst in zwei bis drei Kleingruppen à drei bis vier Kinder aufgeteilt. Verteilen Sie Filmdöschen, in denen sich vom Klang unterscheidbare Teile befinden, wie bspw. Reis, Heftzwecken, Pfennige oder Nüsse. Die Kinder formieren sich anschließend zu Gruppen über das jeweils gleiche Geräusch ihrer Dose.

Teilen Sie den Gruppen dann die Karten aus, auf denen die darzustellenden Gefühle aufgeschrieben sind. Was auf den Karten steht, sollen sie noch für sich behalten. Erklären Sie allen, dass sie versuchen sollen, die Gefühle so gut wie möglich darzustellen, damit sie auch von den Zuschauern erraten werden können. Es geht also nicht ums Gewinnen!

Erst einmal findet – noch unter Geheimhaltung in unterschiedlichen Ecken des Raumes – eine Probe (ohne die Neutralmasken) statt. Eventuell müssen Sie Kindern anderer Muttersprachen anhand eines Beispiels erklären, was die genannten Gefühle auf den Karten bedeuten.

Die folgenden Gefühle stehen auf den Karten und können gespielt werden. Die in Klammern angegebenen Gefühle stellen die an den Pinnwänden ausgehängten Alternativen zum Raten dar und werden nicht auf die Karten für die Kinder geschrieben.

- **Ich fühle mich beleidigt** (ich bin wütend, ich bin gelangweilt)
- **Ich bin verliebt** (ich bin fröhlich, mir ist schwindelig)
- **Ich fühle mich cool** (ich bin mies gelaunt, ich fühle mich satt)

Die Kleingruppen spielen die Gefühlsszenen vor. Sie können dabei wahlweise Masken tragen, die ihnen eventuell die Darstellung erleichtern, weil sie sich nur noch auf die Körperhaltung als Ausdrucksmittel konzentrieren müssen.

Nach jedem Durchgang raten die zuschauenden Kinder, welches Gefühl gerade vorgestellt wurde, indem sie sich einer der drei Alternativen zuordnen, die an den Pinnwänden aufgehängt sind. Zur Spannungssteigerung macht sich hier ein Count-down (»*Eins, zwei oder drei!*«) gut, der auch die Entscheidungsfindung beschleunigt.

Streitbilder malen

Instruktion: »*Male einen Comic oder ein Bild von einem Streit, den du in der letzten Zeit – in der Schule – mit einem oder mehreren Kindern hattest!*«

Legen Sie den Kindern zur Hilfestellung noch diese Fragen in visualisierter Form (Tafelbild, Tischvorlage) vor:

Beim Malen hilft es dir vielleicht, wenn du dir folgende Fragen beantwortest:

⇨ **Mit wem war der Streit?**

⇨ **Wo war er?**

⇨ **Was ist passiert?**

Während im Hintergrund leise Musik läuft, können Sie den Kindern Unterstützung geben, indem Sie Fragen zum Streithergang stellen (»*Worüber habt ihr gestritten? Wie hat der Streit angefangen? Wie hat er aufgehört?*«). Schreiben Sie die Antworten von jedem Kind mit, um später auf sie zurückgreifen zu können, wenn es um das Erstellen von Rollenspielsituationen geht. Die Kinder signieren ihr Bild, sobald sie fertig geworden sind, sodass zu einer Ausstellung der Bilder übergegangen werden kann. Die entstandenen Bilder und Comics werden von den Kindern einzeln nach vorne gebracht.

Ca. zwei Drittel der Kinder haben im Fragebogen zur Auswertung des Trainings angekreuzt, dass sie sich das Streitbildermalen wieder wünschen würden. Dieses Ergebnis zerstreute nach Ablauf dieser Einheit bei uns durch vereinzelte »mürrische« Kommentare entstandenen Befürchtungen, dass das Malen der eigenen Erlebnisse vielen Kindern keinen Spaß gemacht haben könnte.

Helfen Sie beim Aufhängen, und thematisieren Sie im Gespräch mit dem Kind und der Gruppe, »*was da eigentlich passiert ist*«.

Nicht alle Kinder wagen den Schritt vor die Gruppe. Fragen Sie sie, ob das Bild trotzdem aufgehängt werden darf.

Bemerken Sie noch einmal abschließend, dass aus diesen Situationen Rollenspiele für die nächsten Einheiten gemacht werden, sofern Sie sich für dieses Vorgehen entschieden haben.

Abbildung 10: Streitbild

🏃 Mein Held in Aktion

Spielziel: Bewegung, Hinführung ans Rollenspiel

Bei diesem sich möglicherweise turbulent entwickelnden Spiel läuft die ganze Zeit über Musik. Um »Zusammenstöße« zu vermeiden, ist es sinnvoll, den Kindern zu sagen, dass sie aufeinander Acht geben sollen.

Alle Kinder gehen erst einmal im Raum herum. Das Kind, das jeweils den auffälligen Hut trägt, darf seinen Helden aus dem Namensspiel so vormachen, wie dieser sich »in action« verhalten würde. Alle anderen machen die Bewegungen, so gut es geht, nach. Bei einem Trötensignal muss das vormachende Kind aber den Hut hochwerfen, und das Kind, das den Hut auffängt, darf nun seinen Helden zeigen. Jedes Kind kommt nur einmal zum Zuge, sodass die, die bereits vorgemacht haben, nicht wieder an der Reihe sind.

Bei einer möglichen Variante wirft ein Kind dem anderen den Hut zu und ruft: »*Wie ist dein Held in action?*«

 Geschichte

📖 übernommen aus: Dörner et al. 1995.

Die Kinder legen sich auf Matten und können auswählen, ob sie während des Vorlesens nur zuhören, dabei malen oder die Entspannungs-Formel mitüben möchten. Ein Vorschlag ist, Federn zu verteilen, die sich die Kinder auf den Bauch legen, sodass sie am Auf und Ab der Feder ihre Atmung beobachten können.

🔅 Schlussrunde

- Die Kinder und Trainer/innen zeigen kurz mit dem Daumen ihre momentane Befindlichkeit an.
- Verabschiedung

Quelle: Michael Seifert, Hannover

4. Trainingseinheit: Körperliche Auseinandersetzungen schrittweise entschärfen

Titel der Ablaufkarten	Material	Zeit
Anfangsrunde	Gefühlsgesichter, Karten für die Ablaufvorstellung	
Statuen formen		
Streitstatuen entschärfen	Zettelchen (für Kleingruppenaufteilung), Visualisierung der Instruktion, Fotoapparat und Filme, Karten zum Mitschreiben	
Geschichte	Buch, Federn, Malutensilien, Matten	
Schlussrunde	Trainingsbogen (für jedes Kind), Stifte, Flipchart (oder großer Papierbogen)	

Ziel dieser Einheit:

Wir möchten mit den Kindern anhand von Standbildern körperliche Deeskalationsstrategien entwickeln. Auf die heute erarbeiteten Bewegungsabläufe (z.B. »Hände runter«) kann in der folgenden Einheit »Wie habe ich meine Wut im Griff?« Bezug genommen werden. Neben diesem Aspekt dient die Sitzung der Hinführung an das Rollenspiel.

Anfangsrunde

- Begrüßung
- Runde mit den Gefühlsgesichtern, die sich die Kinder beim Ankommen ausgesucht haben
- »Gibt es noch Fragen zum letzten Mal?«
- Was heute passiert: Vorstellung des Ablaufs am Ablaufplan

Statuen formen

📖 abgewandelt nach: Baer 1998, S. 342.; vgl. auch: Nordelbisches Jugendpfarramt 1995, T.7 und T.8.

Spielziel: Die Kinder lernen das Prinzip des Statuenformens spielerisch kennen.

Instruktion: *»Eine formt, der andere wird wie in Ton geformt. Die Bildhauerin fasst ganz behutsam und vorsichtig an und die Statue bleibt wie ein Standbild stehen. Das Ganze passiert ohne Worte. Nur das passende Gesicht macht die Statue selbst.«*

Sie können die Kinder an das Spiel »Versteinert« erinnern.

Jedes Kind sucht sich einen Partner für das folgende Spiel. Die Kinder, die das »Baumaterial« sind, bilden den Innenkreis. Der Außenkreis entsteht durch die Statuenbauer, die vor ihrem jeweiligen Tandempartner stehen.

Ein Trainer macht vor, wie er den anderen zu einem Balletttänzer formt. Im zweiten Durchgang modelliert der Trainer den anderen zu einer James-Bond-Statue. Im dritten können die Bildhauer/innen eigene Ideen verwirklichen. Die Spielpartner wechseln sich in den Rollen ab. Lassen Sie zwischen den Durchgängen Zeit zum Anschauen.

Streitstatuen entschärfen

📖 übernommen aus: Lünse et al. 1998, S. 45.

Spielziel: Hinführung ans Rollenspiel

- Kleingruppeneinteilung (à drei bis vier Kinder) mit dem Spiel »Familie Meier«:

  📖 übernommen aus: Nordelbisches Jugendpfarramt: Koppelsberger Spielekartei, 1995, G.3.

Die Kinder ziehen vorbereitete Zettel, auf denen der Familienname (Beier, Meier oder Geier) und die Rolle innerhalb der Familie (Mutter, Vater, Tochter, Sohn, Hund etc.) stehen. Auf »Los« brüllen alle ihren Familiennamen und versuchen so, sich in ihren Familien zusammenzufinden. Die Familien haben die Aufgabe, sich in einer bestimmten Reihenfolge (z.B. Mutter, Vater, Tochter ...) auf einen Stuhl zu setzen. Die Familie, die als Erstes korrekt sitzt, hat gewonnen.
Damit alle die gleichen Chancen haben, dürfen die Zettel erst nach einem Startzeichen von allen gleich-

zeitig gelesen und während des ganzen Spiels nicht gezeigt werden.
Jede Familie ist nun eine Kleingruppe. Es ist wichtig, die Kinder aus den (Familien-)Rollen dieses Spieles zu entlassen.

- Instruktion anhand einer Visualisierung.

- Erster Durchgang: Kleingruppenarbeit
Die 1–2 Bildhauer »bauen« aus zwei Kindern ein Standbild zu einer ernsten, körperlich ausgetragenen Streitsituation, wie sie sie aus ihrem Alltag kennen. Das dazu passende Gesicht machen die Statuen wieder selbst.

- Zweiter Durchgang: Entschärfen auf der Bühne
Auf der Bühne werden die entstandenen Statuen nacheinander aufgebaut. Sie können die Kinder, die eine Statue bilden, nach ihren Gefühlen befragen: »*Wie geht es dir … (in dieser Haltung)?*« Für jedes Standbild werden nun Vorschläge aus dem Publikum gesammelt, wie die Statue Schritt für Schritt verändert werden kann, damit die Situation nicht mehr so spannungsgeladen ist (z.B. »Arm runter«, »Schritt zurück«). Es wird immer nur eine Veränderung zurzeit vorgenommen.

Sie können zur Veranschaulichung das Bild einer Bombe nutzen, die für die explosive Stimmung zwischen den beiden steht und die die Kinder aus dem Publikum mit einem Wassertropfen (aus Pappe) entschärfen, damit die Bombe nichts mehr kaputtmachen kann. Die Schritte der Deeskalation werden dokumentiert, indem jede Veränderung an der Statue auf einer Karte aufgeschrieben und fotografiert wird. Die Trainer/innen fragen zwischendurch nach, ob sich die Gefühle der Betroffenen ändern, und befragen die Zuschauenden, was sie an Veränderungen wahrnehmen.

 Bei der Auswertung der Kinderfragebögen fiel uns auf, dass sich vor allem die Kinder aus der dritten Klasse diese Methode wieder wünschen würden. Das lässt sich vielleicht dadurch erklären, dass wir hier später in einem Aufwärmspiel, in dem wir die Fotoreihen ausgestellt haben, noch einmal auf die Standbilder zurückgekommen sind. Daher möchten wir Sie anregen, die Methode durch das Aufwärmspiel »Detektive in der Fotogalerie« (6. Trainingseinheit) zu ergänzen.

> ➤ Zwei sind das „Material" für die **Standbilder**.
> ➤ Zwei (oder einer) sind **Bildhauer**.

Eure Aufgabe:
Bildhauer bauen aus Material vorsichtig ein ernstes Streit-Standbild.

Abbildung 11: Plakat zur Instruktion

 Geschichte

📖 übernommen aus: Dörner et al. 1995.

Bevor Sie mit dem Vorlesen der Geschichte beginnen, ermuntern Sie die Kinder, schon einmal darüber nachzudenken, was sie sich aus der heutigen Trainingseinheit aussuchen möchten, um es die nächste Woche über zu trainieren. Das hat den Grund, dass in dieser Einheit der Trainingsbogen eingeführt wird, mit dem die Kinder ihr Verhalten selbst überprüfen können.
Nach der Geschichte, während die Kinder noch auf ihren Matten liegen, können Sie folgende Anregung für die Suche eines **eigenen Vorhabens** geben:

»Überlegt mal, was heute für euch besonders interessant war und was ihr in der kommenden Woche trainieren möchtet. Das kann zum Beispiel die E-Formel aus der Geschichte sein, oder eine (Selbst-)Aufforderung aus dem heutigen Standbilder-Spiel (wie »Hände runter« oder »Schritt zurück«). Oder aber ihr übt ein Verhalten des Geschichtshelden, welches ihr praktisch für euren Alltag findet. Vielleicht wählt ihr auch eine unserer Umgangsregeln, die sind nämlich wichtig beim fairen Streiten.«

Schlussrunde

- Einführung des Trainingsbogens:

Im Sitzkreis teilen Sie an jedes Kind den Trainingsbogen aus (Vorlage s. S. 137).

Wir haben die Erfahrung gemacht, dass man ihn gut anhand eines Beispiels an der Tafel erklären kann. Vor allem ist es wichtig, mit den Kindern durchzuspielen, wie sie sich selbst einschätzen können, indem sie die Gläser bis zu einer bestimmten Marke ausmalen. Um das zu üben, kann jedes Kind die Legende des Bogens selbst anmalen. Der Trainingsbogen ist im Anhang als Kopiervorlage beigefügt.
Teilen Sie den Kindern den Sinn und Zweck des Bogens mit:

»Damit ihr das trainiert, was ihr persönlich in eurem Alltag gebrauchen könnt, kann jedes Kind sich seine wöchentliche Trainingsaufgabe selbst aussuchen und auf den Bogen schreiben. Euer Lehrer gibt euch nun am Ende jedes Schultags euren Bogen, damit ihr eintragen könnt, wie eure Übung geklappt hat. Im Laufe der Woche könnt ihr dann sehen, wie es beim Trainieren von Tag zu Tag besser klappt. Außerdem habt ihr am Ende des Trainings dann die Möglichkeit zu gucken, welche Trainingsinhalte für euch am besten geeignet sind.«

Natürlich kann es sein, dass es nicht an jedem Tag die Gelegenheit zum Trainieren gibt – das ist völlig in Ordnung, in diesem Fall streichen die Kinder den »Trainingsbecher« dieses Tages einfach durch.

- Jedes Kind sagt, was es in der nächsten Woche trainieren wird. Der Trainer schreibt den Namen der Kinder mit ihren Zielen auf einem Flipchart mit, damit die Kinder eine Formulierungshilfe haben. Außerdem wird das Flipchart beim nächsten Mal in der Anfangsrunde aufgehängt. Jedes Kind kann nun sein Ziel auf den ersten Trainingsbogen abschreiben und ihn in eine Trainingsmappe heften.

  ☞ Es ist wichtig, die Kinder dabei zu unterstützen, dass die Ziele sich auf ein konkretes Verhalten beziehen, wie z.B. »Ich übe die E-Formel, wenn ich mich ärgere« anstatt »Ich ärger mich nicht«.

- Die Kinder und Trainer/innen zeigen kurz mit dem Daumen ihre momentane Befindlichkeit an.

- Verabschiedung.

5. Trainingseinheit: Wie habe ich meine Wut im Griff?

Titel der Ablaufkarten	Material	Zeit
Anfangsrunde	Gefühlsgesichter, Karten für die Ablaufvorstellung, Flipchart vom letzten Mal (Trainingaufgaben), Trainingsmappen der Kinder	
Wutauslöser sammeln	Tafel, Karteikarten, Stifte	
Wohin mit meiner Wut	• Zettel mit Bewegungsinstruktionen • Tische und Stühle, Karten, Stifte, Instruktionen für die Kleingruppen • Jeweilige Visualisierung für den Input/für das Vorgehen • Maske, Klappe • Blitz aus Pappe (oder irgendetwas anderes zum Herumgeben) (fair – unfair – weiß nicht)	
Geschichte	Buch, Federn, Malutensilien, Matten	
Schlussrunde	Trainingsbogen (für jedes Kind), Stifte, Flipchart	

Ziel dieser Einheit:

Bevor wir mit Rollenspielen zu fairem Streitverhalten beginnen, in denen es primär um die Interaktion mit anderen geht, möchten wir mit den Kindern in dieser Einheit erst einmal Techniken zur Wutkontrolle erarbeiten. Jedes Kind soll die Möglichkeit bekommen, in der geschützten Atmosphäre des Trainings die »Wutkontrolltricks« zu testen, die zu ihm persönlich passen.

☞ Diese Einheit ist zeitlich sehr knapp geplant. Um dem Stoff der Einheit gerecht zu werden, ist es eventuell günstig, die Inhalte auf zwei Termine zu verteilen. In diesem Fall bietet es sich an, den zweiten Teil von »Wohin mit meiner Wut« auf den nächsten Termin zu verschieben und ihn als Hauptteil in das herkömmliche Sitzungsskelett zu integrieren.

Anfangsrunde

- Begrüßung
- Runde mit den Gefühlsgesichtern, die sich die Kinder beim Ankommen ausgesucht haben
- Was heute passiert: Vorstellung des Ablaufs am Ablaufplan
- Rückblick: »Bericht aus der letzten Trainingswoche« Verteilen Sie an die Kinder ihre Trainingsmappe (mit dem Trainingsbogen vom letzten Mal). Der Flip mit den individuellen Trainingsaufgaben aus der letzten Trainingseinheit wird gut sichtbar aufgehängt

– »*Gibt es noch Fragen zum letzten Mal?*«
– »*Wer möchte uns von seiner/ihrer Trainingswoche berichten? Das kann etwas sein, was gut geklappt hat und was man den anderen als Tipp weitergeben möchte. Oder etwas, was nicht gut geklappt hat.*«

Die Kinder, die berichten möchten, melden sich. Achten Sie darauf, dass im Trainingsverlauf alle Kinder an die Reihe kommen, indem Sie zurückhaltende Kinder explizit einladen zu berichten. Um einen Überblick über den Trainingsstand der Kinder zu gewinnen, können Sie sich die Bögen angucken.

Brainstorming: Wutauslöser sammeln

Führen Sie mit den Kinder ein Brainstorming durch mit der Frage: »*Was muss man machen, damit ich wütend werde?*« Der Moderator schreibt alle Äußerungen an der Tafel mit.

Jedes Kind sucht sich aus dieser Sammlung seinen persönlichen Wutauslöser aus und schreibt ihn mit seinem Namen auf eine Karte. Der andere Trainer nimmt wie die Kinder an der ganzen Übung teil, damit er die Erklärung des Rollenspiels veranschaulichen kann.

Wohin mit meiner Wut ?!

Erster Teil: Wuttricks sammeln

☞ Die Kinder werden hier als Expert/innen für ihre eigenen Wuttricks betrachtet. Wir gehen davon aus, dass sie bereits über eine Vielzahl von Techniken zur Wutkontrolle verfügen, und möchten diese für die anderen zugänglich machen.

- Input: »*Heute wollen wir uns damit beschäftigen, was ich machen kann, damit ich von mir sagen kann: Ich habe meine Wut im Griff!*«

  Sie können dazu ein Bild mit einem wütenden Kind aufhängen. Die gesammelten Wuttricks werden später in den groß gemalten Bauch gepinnt.

- Sie bilden Dreiergruppen, indem Sie Zettel ziehen lassen, auf denen verschiedene Bewegungen stehen (z.B. schleichen, hüpfen, trippeln). Die Kinder finden sich untereinander, indem sie sich gemäß der Zettelinstruktion bewegen.

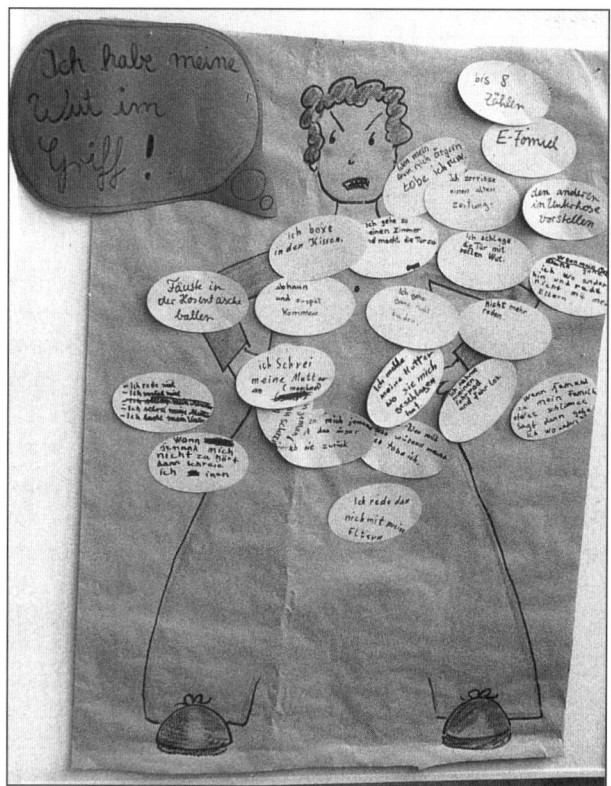

Abbildung 12: Gesammelte Wuttricks, (s. auch rechten Kasten)

- Die Kleingruppen verteilen sich auf die von Ihnen bereits vorbereiteten Sitzgruppen. Hier finden sie die schriftliche Instruktion und das Material vor.

> ⇨ Sammelt auf den Karten eure Geheim-tricks, die euch helfen, wenn ihr wütend und genervt seid!
>
> ⇨ Was habt ihr zum Beispiel gemacht, als ihr wütend gewesen seid und ihr nicht ausgerastet seid?
>
> ⇨ Nehmt für jeden Trick eine neue Karte!

Nach fünf Minuten Arbeitszeit sollen die Kinder überprüfen, ob es in ihrer Sammlung Ideen gibt, bei denen jemandem wehgetan wird oder bei denen etwas kaputtgeht – das ist nicht in Ordnung. Diese sollen sie verändern oder beiseite legen.

Im Sitzkreis stellt nun jeweils ein Kind aus jeder Kleingruppe die Wuttricks vor und pinnt sie an den Metaplan in den Bauch des wütenden Kindes. Eventuell können Sie Ihre eigenen Tricks der Sammlung beifügen. Um den Überblick zu erleichtern, können Sie anschließend die Karten ordnen.[1]

> Die Kinder nannten folgende Strategien, um ihre Wut in den Griff zu bekommen:
>
> - E-Formel (tief durchatmen, ruhig nachdenken), es für mich behalten, cool bleiben, weghören, bis acht zählen, Ohren zuhalten
> - Auspowern: Fußball spielen und Wut am Ball auslassen, mit einem Stofftier kämpfen, laut brüllen, aufstampfen, die Wand anschimpfen, in ein Kissen boxen, alte Zeitung zerreißen
> - Sich zurückziehen und ruhig werden: ein hässliches Bild malen, spielen, an die Luft gehen, lesen, kalt baden
> - »F-Formel« (mit einem Freund oder den Eltern reden)

Weitere Vorschläge, die Sie machen könnten: sich den anderen in Unterhose vorstellen, einen Schritt zurück, Fäuste in der Hosentasche ballen, »Ich bleibe ruhig!« zu sich sagen. Hier können Sie an die vorangegangene Einheit (Streitstatuen) erinnern.

Zweiter Teil: Wuttricks im Rollenspiel testen

- Anhand einer Visualisierung erklären sie das Vorgehen: Jedes Kind kann die Tricks jetzt testen. Dafür braucht jedes »Testkind« einen »Provokations-Roboter« (Provoboter), der es mit dessen persönlichem Wutauslöser so provoziert, dass es seine Wut annähernd spürt und die Tricks ausprobieren kann. Fragen Sie die Kinder, wer das Experiment durchführen möchte. Wenn ein Kind nicht teilnehmen will, ist das in Ordnung.

- Zuordnung der Testkinder zu ihren Provobotern: Jedes Kind zieht eine Karte, auf der der individuelle Wutauslöser eines anderen Kindes verzeichnet ist

1 Wir hatten den Eindruck, dass es den Kindern sehr viel Spaß macht, mit den Metaplan-Materialien zu arbeiten.

(wer sich selbst zieht, zieht eine neue Karte). Wenn sich ein Kind weigert, den Provoboter zu spielen, dann übernimmt einer der Trainer die Rolle. Nun können Sie an der Tafel eine Startreihenfolge für die Tandems festlegen. Das hilft, den Ablauf zu strukturieren.

- Ein Trainer ist die erste Testperson, um das Vorgehen zu verdeutlichen. Die Aufgabe des Publikums ist es, dem Testkind Tipps (eigene Vorschläge oder die, die an der Metawand stehen) zuzurufen, wenn es auf das Publikum zeigt. Der Provoboter hat eine Maske auf, damit für das Testkind klar wird, dass diese Beleidigungen mechanisch produziert werden und sie nicht persönlich zu nehmen sind. Der Provoboter darf nur das sagen und tun, was auf dem Wutauslöserzettel des Testkindes steht. Da die Situation dennoch etwas künstlich ist, können Sie das Testkind dazu anregen, sich vorzustellen, wütend zu sein. Es kann nun sämtliche Tricks zur Wutkontrolle ausprobieren. Anschließend gibt es großen Applaus für das Testkind, und die Trainer/innen interviewen es, ob das Experiment schwer auszuhalten war und welche Tricks es angewendet hat. Achten Sie darauf, dass es ausschließlich um die Wutbewältigung des Testkindes geht und nicht um die Provokationskunst des Roboters.

  ☞ In diesem Rollenspiel wird die C-Position indirekt mitgeschult, indem das Publikum aufgefordert wird, Wuttricks zuzurufen.

- Da dieses Rollenspiel einen sensiblen Bereich betrifft, ist es an dieser Stelle wichtig, anschließend eine Blitzlichtrunde anzuleiten, in der jedes Kind kurz sagen kann, wie es ihm geht. Wir haben in der Runde einen Blitz aus Pappe herumreichen lassen.

📖 Geschichte

📖 übernommen aus: Dörner et al. 1995.

Bevor Sie mit dem Vorlesen der Geschichte beginnen, erinnern Sie die Kinder bereits daran, dass sie die Stunde geistig Revue passieren lassen können, um sich eine Trainingsaufgabe für die nächste Woche auszusuchen. Nach der Geschichte, während die Kinder noch auf ihren Matten liegen, können Sie die heutigen Trainingsinhalte (Wuttricks, Geschichtsinhalt, Umgangsregel) als Anregungen zusammenfassen.

💡 Schlussrunde

- Jedes Kind sagt, was es in der nächsten Woche trainieren wird. Der Trainer schreibt den Namen der Kinder mit ihren Zielen auf einem Flipchart mit. Jedes Kind kann nun sein Ziel auf den zweiten Trainingsbogen abschreiben und ihn in die eigene Trainingsmappe heften. Eventuell müssen Sie den Trainingsbogen noch einmal erklären.
- Die Kinder und Trainer/innen zeigen kurz mit dem Daumen ihre momentane Befindlichkeit an.
- Verabschiedung: Informieren Sie die Kinder, dass die Rollenspiele ab dem nächsten Mal aufgenommen werden können. Außerdem sollten sich die Trainer/innen das Einverständnis der Kinder einholen, dass auch die Lehrer/innen und die jeweilig andere Halbgruppe sich die Videos der Rollenspiele ansehen.

6. Trainingseinheit: Verlieren können – wie geht das?

Titel der Ablaufkarten	Material	Zeit
🥐 Anfangsrunde	Gefühlsgesichter, Karten für die Ablaufvorstellung, Flipchart vom letzten Mal (Trainingsaufgaben), Trainingsmappen der Kinder	🕐
🏃 Detektive in der Fotogalerie	Aufgeklebte Fotoserien (vgl. 4. Einheit), jeweils eine Stellwand	🕐
Verlieren können	• Visualisierung (Figur mit dickem Bauch), Gefühlsgesichter, eckige und runde Karten, Stifte • DIN-A-4-Papier, Klappe, Namensschilder Klebepunkte, Videokamera	🕐
📚 Geschichte	Buch, Federn, Malutensilien, Matten	🕐
💡 Schlussrunde	Trainingsbogen (für jedes Kind), Stifte, Flipchart	🕐

Ziel dieser Einheit:

Das erste Rollenspiel zu einer konkreten Situation befasst sich mit dem für die Kinder oft brisanten Thema Verlieren. Vorrangiges Ziel ist es, dass die Kinder Handlungsalternativen für den Verlierer erarbeiten und in einer realen Situation ihre Wutkontrollstrategien durch Übung festigen können.

🥐 **Anfangsrunde**

• Begrüßung
• Runde mit den Gefühlsgesichtern, die sich die Kinder beim Ankommen ausgesucht haben
• Was heute passiert: Vorstellung des Ablaufs am Ablaufplan
• Rückblick: »Bericht aus der letzten Trainingswoche«

Verteilen Sie an die Kinder ihre Trainingsmappe (mit dem Trainingsbogen vom letzten Mal). Der Flip mit den individuellen Trainingsaufgaben aus der letzten Trainingseinheit wird gut sichtbar aufgehängt.

– »*Gibt es noch Fragen zum letzten Mal?*«
– »*Wer möchte uns von seiner/ihrer Trainingswoche berichten? Das kann etwas sein, was gut geklappt hat und was man den anderen als Tipp weitergeben möchte. Oder etwas, was nicht gut geklappt hat.*«

Die Kinder, die berichten möchten, melden sich.

Detektive in der Fotogalerie

Spielziel: Wahrnehmung, Wiederholung (4. Einheit)

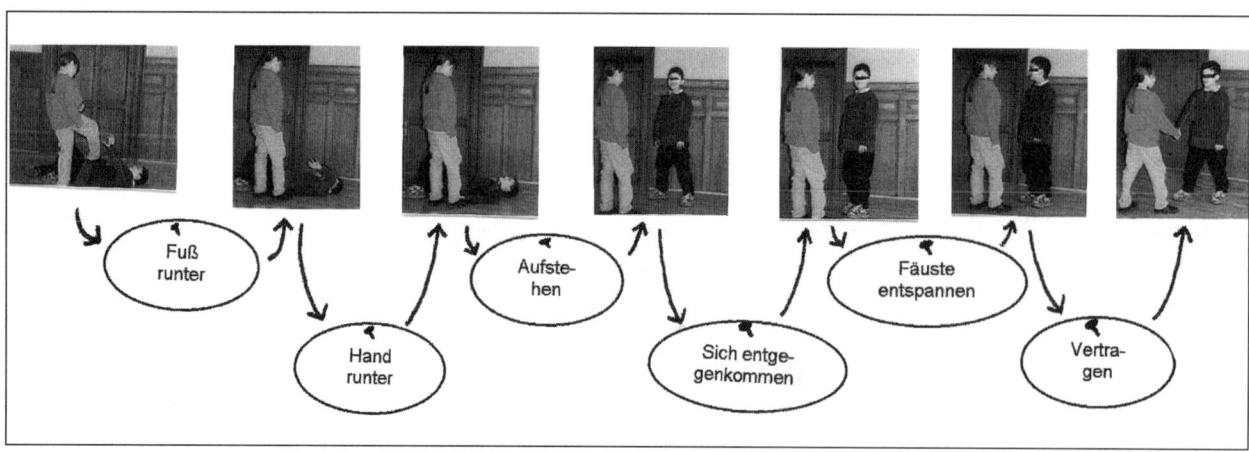

Abbildung 13: Fotoserie ohne Vertauschung

Vorbereitung: Die Fotos, die die einzelnen »Entschärfungsschritte« zeigen, werden auf einen großen Bogen Packpapier aufgeklebt und durch die Karten, auf denen die jeweils dazugehörige verbale Aufforderung (z.B. »Hände runter«) steht, verbunden. Die Fotos einer Kleingruppe ergeben dabei eine Fotoserie. Insgesamt haben wir beim Aufkleben jeweils zwei Fotos in ihrer Reihenfolge vertauscht (so folgt z.B. nach der Karte »Schritt zurück« das Foto, das die Kinder während der »Kabbelei« darstellt). Wir haben uns, um das Spiel zeitlich nicht ausufern zu lassen, auf zwei Vertauschungen beschränkt. Sie sollten ruhig leicht zu entdecken sein.

Durchführung: Die Fotoserien sind auf jeweils einer Pinnwand ausgestellt. Die Statuen-Kleingruppen (Zusammensetzung wie auf den Fotos) dürfen umhergehen und die Fotos angucken. Dabei sollen sie jeweils die beiden Fotos entdecken, die vertauscht wurden.

Instruktion: »*In zwei von den drei Fotoserien hat jemand jeweils zwei Fotos vertauscht. Wenn euch eine Vertauschung von Fotos auffällt, dann haltet sie geheim. Erst wenn ihr beide Vertauschungen gefunden habt, kommt ihr zu uns und flüstert sie uns ins Ohr.*«

Rollenspiel: Verlieren können

- **Situationsschilderung im Sitzkreis:**
  Es ist Ende der 2. großen Pause, es wird Fußball gespielt. Kim und Eike sind in unterschiedlichen Teams. Als es klingelt, hat die Mannschaft von Kim gewonnen. Kim freut sich lautstark.
  Frage an die Kinder: »*Wer kennt so eine Situation? Wem fällt es schwer, wenn seine Mannschaft verliert?*«
  Die Kinder, die die Frage bejahen, zeigen auf.

- **Brainstorming: »Wie fühlt sich Eike jetzt?«**
  Auf ein großes Packpapier kann man eine dickbäuchige Figur (Eike) malen. In den Bauch pinnt einer der Trainer die Karten, auf denen er die von den Kindern genannten Gefühle festgehalten hat.

- **Darstellung der Situation:**
  Die beiden Trainer/innen spielen die Situation auf der Bühne bis zum Knackpunkt vor, wie es die Ausgangssituation beschreibt (Kim freut sich, Eike ärgert sich).

- **Actstorming für Eikes Rolle:**
  »*Was kann Eike alles tun und zu Kim sagen, damit er/sie das Verlieren seiner/ihrer Mannschaft gut aushält? Was kann Eike mit seinem/ihrem Ärger machen?*«

Sie können, um den Ablauf zu erklären, an das Baumstammspiel erinnern, in dem die Kinder so viele Lösungen wie möglich für die Situation ausprobierten. Die Ideensuche wird durch zwei Eckpfeiler begrenzt: erstens, dass das gezeigte Verhalten keinen verbalen oder körperlichen Angriff beinhaltet und fair ist. Zweitens soll es sich um eine realistische Idee handeln, die man auf dem Schulhof umsetzen kann.
Die Kinder können die Wutkontrolltricks (aus der 5. Einheit) anwenden.
Zunächst spielt ein Trainer die Rolle von Kim. (Eventuell kann später ein anderes Kind die Rolle von Kim übernehmen. Es spielt sie bis zum Knackpunkt – genauso wie vorher der Trainer – und reagiert dann auf Eikes Verhalten.) Alle Kinder, die eine Idee für Eikes Rolle haben, zeigen auf. Immer zwei Kinder können sich am Bühnenrand für ihren Auftritt bereitmachen. Die Lösungen werden vorgespielt, indem ein Kind die Rolle von Eike übernimmt. Der Trainer in Kims Rolle reagiert auf das Verhalten von Eike und gibt damit auch ein Modell für einen fairen Gewinner. Sie können das Kind, das Eike spielt, auch fragen, ob Kim es ihm besonders schwer machen soll.
Der Moderator schreibt die vorgespielten Lösungen stichwortartig mit und pinnt sie an eine Stellwand. Jede Lösungssequenz wird durch die Betätigung der Klappe beendet.
Damit das Actstorming nicht langweilig wird, sollten Sie Tempo »machen«. Wenn sich die Lösungen nicht mehr deutlich voneinander unterscheiden, ist der Zeitpunkt gekommen, diese Phase zu beenden: »*Spielt jetzt nur noch Lösungen, die ganz anders sind als die, die wir schon gesehen haben.*«

Lösungen der Kinder waren z.B.:

- Ausrufe: »Lass mich bitte in Ruhe!«/»Es ist mir egal, wenn ich verliere. Das ist nur ein Spiel.«/»Nächste Pause möchte ich Revanche.«/»Ich hab ja auch schlapp gespielt.«/»Ihr habt gut gespielt.«/»Lass uns das nächste Mal die Mannschaften mischen.«
- Verlassen der Situation: Ohren zuhalten und weggehen/weggehen und üben/Trainer um Ratschlag bitten

---

Achten Sie bei den Lösungen darauf, dass eine Interaktion zwischen Eike und Kim entsteht und nicht ausschließlich vermeidendes Verhalten gezeigt wird (wie z.B. Weggehen, was nur eine von vielen Lösungen ist). Die Trainer/innen sollten auch Lösungsideen vorspielen, die für die Kinder neue Verhaltensweisen darstellen. Es ist z.B. wünschenswert, wenn Sie schon in diesem Rollenspiel Ich-Botschaften (»*Wenn du dich so laut freust, dann habe ich meine*

Enttäuschung schlecht im Griff, weil ich noch wütender werde.«) und Wünsche an Kim formulieren *(»Freu dich doch bitte woanders oder zumindest leiser, damit ich das nicht höre!«).*

- **Frage:**
  »Was sind ähnliche Situationen wie hier, in denen ihr diese Verhaltensweisen ausprobieren könntet?«

- **Punktwahl:**
  »Welche Lösung geht am besten in echt?«
  Jedes Kind bekommt zwei bis drei Klebepunkte, mit denen es die Lösung(en) kennzeichnet, die es für diejenige(n) hält, die am besten in echt geht/gehen. Dadurch kommt eine Auswahl von drei bis vier Lösungen zu Stande, die anschließend für die Videoaufnahme gespielt werden. Die Kinder, die ihren Punkt bei derselben Lösung gemacht haben, spielen die Situation gemeinsam (ein Kind spielt Eike, ein anderes Kim, ein drittes betätigt die Klappe). Berücksichtigen Sie bei der Einteilung in die Spielgruppen, dass alle Kinder die Möglichkeit erhalten, mit einer Lösung aufgenommen zu werden, die ihnen wichtig ist.

- **Videoaufnahme:**
  Die Kinder sprechen sich ab, wer welche Rolle übernimmt. Dazu brauchen sie unserer Erfahrung nach Ihre Unterstützung. Das Kind, das die Rolle von Kim übernimmt, soll auf das Verhalten von Eike auf eine faire Art und Weise reagieren.
  Instruktion: *»Spielt die Lösung so, dass sie in echt gehen könnte und dass andere verstehen, was da passiert. Heute nehmen wir die Lösungen auf Video auf. Ihr guckt sie dann gemeinsam mit eurem Klassenlehrer und der anderen Gruppe am Ende der Woche an. Natürlich seht ihr dann auch die Lösungen der anderen.«*

Die Rollenspiele werden mit der Kamera auf Video aufgenommen. Nach jedem Auftritt gibt es Applaus für die Rollenspieler.

☞ Dadurch, dass die Kinder, die Kim spielen, ebenfalls dazu aufgefordert werden, sich auf konstruktive Weise zu verhalten, werden hier auch Handlungsalternativen für den fairen Gewinner gezeigt.

 Geschichte

📖 übernommen aus: Dörner et al. 1995.

Bevor Sie mit dem Vorlesen der Geschichte beginnen, erinnern Sie die Kinder bereits an ihre Trainingsaufgabe, die sie sich für die nächste Woche überlegen sollen. Nach der Geschichte, während die Kinder noch auf ihren Matten liegen, können Sie die heutigen Trainingsinhalte (z.B. die Lösungen aus dem Actstorming) als Anregung zusammenfassen.

🔆 Schlussrunde

- Jedes Kind sagt, was es in der nächsten Woche trainieren wird. Der Trainer schreibt den Namen der Kinder mit ihren Zielen auf einem Flipchart mit. Jedes Kind kann nun sein Ziel auf den neuen Trainingsbogen abschreiben und ihn in die eigene Trainingsmappe heften.
- Die Kinder und Trainer/innen zeigen kurz mit dem Daumen ihre momentane Befindlichkeit an.
- Verabschiedung.

7. Trainingseinheit: Was tue ich, wenn Spaß zu Ernst wird?

Titel der Ablaufkarten	Material	Zeit
Anfangsrunde	Gefühlsgesichter, Karten für die Ablaufvorstellung, Flipchart vom letzten Mal (Trainingsaufgaben), Trainingsmappen der Kinder	
Ja-Nein-Dialog	Blitz aus Pappe	
Was tue ich, wenn Spaß zu Ernst wird?	• Visualisierung der Situation, Gefühlsgesichter, runde Karten • DIN-A-4-Papier, Klappe, Namensschilder • Klebepunkte, Videokamera	
Geschichte	Buch, Federn, Malutensilien, Matten	
Schlussrunde	Trainingsbogen (für jedes Kind), Stifte, Flipchart	

Ziel dieser Einheit:

Viele körperlich ausgetragene Auseinandersetzungen finden ihren Anfang in einem lustvollen, spielerischen Kräftemessen, bei dem die Grenze eines Kindes plötzlich überschritten wird. Wir möchten in dieser Einheit Möglichkeiten erarbeiten, wie das entsprechende Kind dem anderen diese Grenzüberschreitung auf konstruktive Weise deutlich machen kann. Im Grunde geht es um die Umsetzung der Regel: »Ich sage, was mich stört.« Auch hier sind die Wutbewältigungsstrategien zu Grunde liegend für faires Streitverhalten: Die Kinder müssen die aus dem körperlichen Schmerz möglicherweise entstandene Wut im Griff haben, um sich angemessen selbst behaupten zu können.

Anfangsrunde

- Begrüßung
- Runde mit den Gefühlsgesichtern, die sich die Kinder beim Ankommen ausgesucht haben
- Was heute passiert: Vorstellung des Ablaufs am Ablaufplan
- Rückblick: »Bericht aus der letzten Trainingswoche«

– »*Gibt es noch Fragen zum letzten Mal?*«
– »*Wer möchte uns von seiner/ihrer Trainingswoche berichten? Das kann etwas sein, was gut geklappt hat und was man den anderen als Tipp weitergeben möchte. Oder etwas, was nicht gut geklappt hat.*«

Ja-Nein-Dialog

übernommen aus: Walker 1998a., S. 90.

Spielziel: Selbstbehauptung mit Worten

Tandembildung: »*Sucht euch jemanden, mit dem ihr sonst nicht so viel macht. Das bringt für beide mehr Spaß.*«
Um das Spiel zu erklären, machen die Trainer/innen einen Durchlauf vor (jeweils in jeder Rolle).
Die Paare stehen sich gegenüber und unterhalten sich mit nur zwei Worten: ja und nein. Dabei können die Kinder mit ihrer Stimmlage, Lautstärke und Betonung experimentieren. Nach etwa einer Minute werden die Rollen getauscht.

Blitzlichtrunde im Sitzkreis: »*Welche Rolle mochtet ihr lieber und warum?*«

☞ In der Übung können die Kinder experimentieren, auf mehreren Ebenen mit Worten Grenzen zu setzen oder Nähe zuzulassen. Dabei spielt nicht nur der Inhalt des Wortes eine Rolle, sondern auch die Art und Weise, in der die Worte ausgesprochen werden. Da es im Rollenspiel darum geht, mit Worten deutlich zu machen, dass die eigene Spaßgrenze überschritten wurde, passt dieses Aufwärmspiel an dieser Stelle auch thematisch in die Einheit.

Rollenspiel: Was tue ich, wenn Spaß zu Ernst wird?

- **Situationsschilderung im Sitzkreis:**
Zwei Kinder kabbeln sich aus Spaß, plötzlich wird aus diesem Spaß Ernst.
Frage: »*Welche Gründe gibt es dafür, dass Spaß zu Ernst wird?*«

- **Situationsdarstellung:** Die Trainer/innen spielen die Situation bis zum Knackpunkt vor.

  Auf dem Schulhof spielen Kim und Jo »Hahnenkampf«[1]. Sie haben Spaß und es wird immer ausgelassener und heftiger. Es schaukelt sich so weit hoch, bis plötzlich Jo seinen Ellenbogen zwischen Kims Rippen rammt. Kim tut das so weh, dass seine Stimmung umkippt. Er geht wütend auf Jo zu.

  Zuruffrage: »*Was ist da passiert? Wo ist der Knackpunkt zwischen Spaß und Ernst?*«

  ☞ Da es bei dieser Ausgangssituation wichtig ist, den Zeitpunkt wahrzunehmen, an dem die Atmosphäre von Spaß zu Ernst kippt, spielen die Trainer/innen die Situation erst vor, bevor das Brainstorming durchgeführt wird. Hier gibt es eine Abweichung vom sonstigen Rollenspielverlauf.

- **Brainstorming:**

  »*Wie fühlt sich Kim? Wie Jo?*«

  Die Kinder nennen Gefühle, die ein Trainer mitschreibt und anpinnt.

- **Actstorming für Kims Rolle:**

  »*Was kann Kim nun tun, damit aus dem Spaßspiel kein ernster Kampf wird?*«

  Jo reagiert nun auf die verschiedenen Lösungsideen. Zunächst spielt ein Trainer Jo, eventuell kann ihn ein Kind später ablösen. Die Kinder zeigen auf, wenn sie eine Idee haben – zwei von ihnen stellen sich bereits in Startposition. Der Moderator schreibt die Lösungen auf Karten oder Papierblättern mit und pinnt sie an. Wenn schon einige Ideen gespielt wurden, kann der Hinweis, dass nur noch ganz andere Lösungen gespielt werden sollen, vor einem zähen Verlauf schützen.

  Auch Sie können hier vorspielen, wie Sie anderen klarmachen, dass Ihre Grenzen überschritten worden sind.[2]

- **Frage:**

  »*Fallen euch andere Situationen ein, in denen man diese Lösungen auch anwenden könnte?*«

- **Punktwahl:**

  »*Welche Lösung würdest du in echt machen?*«

  Jedes Kind bekommt zwei Klebepunkte. Die Kinder, die sich die gleiche Lösung ausgesucht haben, bilden eine Kleingruppe.

- **Videoaufnahme** der drei bis vier ausgewählten Lösungen: Es ist gerade bei diesem Rollenspiel wichtig, die Kinder daran zu erinnern, dass es bei den Rollenspielen um das »So-tun-als-ob« geht. Das heißt, dem Partner darf nicht wirklich wehgetan werden!

 Geschichte

📖 übernommen aus: Dörner et al. 1995.

Bevor Sie mit dem Vorlesen der Geschichte beginnen, erinnern Sie die Kinder bereits an ihre Trainingsaufgabe, die sie sich für die nächste Woche überlegen sollen. Nach der Geschichte, während die Kinder noch auf ihren Matten liegen, können Sie die heutigen Trainingsinhalte (z.B. die Lösungen aus dem Actstorming) als Anregungen zusammenfassen.

💡 Schlussrunde

- Jedes Kind sagt, was es in der nächsten Woche trainieren wird. Der Trainer schreibt den Namen der Kinder mit ihren Zielen auf einem Flipchart mit. Jedes Kind kann nun sein Ziel auf den neuen Trainingsbogen abschreiben und ihn in die eigene Trainingsmappe heften.

- Die Kinder und Trainer/innen zeigen kurz mit dem Daumen ihre momentane Befindlichkeit an.

- Verabschiedung.

---

1 Vgl. Portmann, R. 1995, S. 76: »Je zwei Kinder stehen einander gegenüber. Sie verschränken die Arme vor der Brust, ziehen ein Bein an, sodass sie nur auf einem Bein stehen, und versuchen so, sich durch Stoßen gegen die Arme aus dem Gleichgewicht zu bringen. Die Verschränkung der Arme darf dabei nicht gelöst werden. Ziel ist, selbst möglichst lange stehen zu bleiben und den zweiten Fuß nicht auf die Erde setzen zu müssen.«

2 Da diese Sitzung nachträglich in den Trainingsablauf integriert worden ist, können wir keine Lösungen der Kinder aufführen.

8. Trainingseinheit: Absicht oder Versehen?

Titel der Ablaufkarten	Material	Zeit
Anfangsrunde	Gefühlsgesichter, Karten für die Ablaufvorstellung, Flipchart vom letzten Mal (Trainingsaufgaben), Trainingsmappen der Kinder	
Was kann ich machen, wenn mich jemand anrempelt?	• Visualisierung der Situation, Karten oder Papier, • DIN-A-4-Papier, Klappe, Namensschilder • Klebepunkte, Videokamera	
Geschichte	Buch, Federn, Malutensilien, Matten	
Schlussrunde	Trainingsbogen (für jedes Kind), Stifte, Flipchart	

Ziel dieser Einheit:

Die heutige Einheit hat insgesamt drei Lernziele: Durch die Situationsvorgabe legen wir nahe, mit einer Frage zu überprüfen, ob ein grenzüberschreitendes Verhalten absichtlich oder versehentlich ausgeführt wurde, sodass die Kinder ihr Verhalten darauf abstimmen können. Im ersten Actstorming geht es darum, sich für ein Versehen zu entschuldigen und dieses einzugestehen (der Fokus liegt auf Jos Rolle/A-Position). Im zweiten Actstorming möchten wir selbstbehauptende Verhaltensweisen erarbeiten, um auf absichtliche Grenzüberschreitungen reagieren zu können (Fokus auf der Rolle von Kim/B-Position).

 Anfangsrunde

• Begrüßung
• Runde mit den Gefühlsgesichtern, die sich die Kinder beim Ankommen ausgesucht haben
• Was heute passiert: Vorstellung des Ablaufs am Ablaufplan
• Rückblick: »Bericht aus der letzten Trainingswoche«

  – »*Gibt es noch Fragen zum letzten Mal?*«
  – »*Wer möchte uns von seiner/ihrer Trainingswoche berichten? Das kann etwas sein, was gut geklappt hat und was man den anderen als Tipp weitergeben möchte. Oder etwas, was nicht gut geklappt hat.*«

Was kann ich machen, wenn mich jemand anrempelt?

• Situationsschilderung anhand einer Visualisierung: Es hat zur Pause geläutet. Draußen steht ein wichtiges Völkerballspiel an, auf das sich alle freuen. Beim Sprint zum Spielfeld wird Kim von Jo angerempelt. Kim strauchelt vor dem Feld. Die Schulter von Kim tut weh.
Frage an die Kinder: »*Wer hat so etwas Ähnliches schon mal erlebt?*«

• **Brainstorming:**
»*Wie fühlt sich Kim? Welche Gründe gibt es für Jos Verhalten?*«
Die Kinder nennen Gefühle von Kim, ein Trainer schreibt sie mit und pinnt sie an die entsprechende Stelle des Situationsplakats (z.B. in den Bauch von Kim). Dann werden die Gründe für Jos Verhalten gesammelt, etwa sieben Gründe reichen aus. Achten Sie darauf, dass mindestens ein Grund unabsichtliches Verhalten (Versehen) nahe legt.

• **Situationsdarstellung:** Die Trainer/innen spielen die Situation bis zu der Frage an:
»*Warum hast du mich angerempelt?*«

  ☞ An dieser Stelle geben wir bereits in der Situationsvorstellung ein neues Verhalten vor, das die Kinder im folgenden Actstorming einbauen sollen. Die Frage ermöglicht dem angerempelten Kind, die Intention des anderen zu prüfen.

• **Actstorming für Jos Rolle:**
»*Was kann Jo machen, wenn er Kim aus Versehen anrempelt?*«
Bei diesem Rollenspiel ist es wiederum wichtig, die Kinder darauf hinzuweisen, dass sie sich nicht in echt wehtun, sondern dass sie nur so tun, als ob sie den anderen anrempeln würden. Die Regel »Freundlicher Umgang«, sofern Sie sie mit den Kindern verabschiedet haben, gilt hier genauso!

Beide Rollen werden direkt von Kindern gespielt. Dabei wird Kim immer von dem Kind gespielt, das zuvor die Rolle von Jo übernommen hatte. Jo bekommt die Instruktion, Kim versehentlich angerempelt zu haben. Auf Kims Frage kann Jo nun reagieren (z.B. sich entschuldigen, fragen, ob es sehr wehtut, etc.). Damit gibt Jo ein Modell für prosoziale Verhaltensweisen und kann trainieren, einen Fehler einzugestehen. Dieses Actstorming wird kürzer sein als das folgende.

- **Actstorming für Kims Rolle:**
  »Was kann Kim tun, wenn Jo sie anrempelt?«
  Im zweiten Actstorming wird Jo instruiert, Kim absichtlich anzurempeln. Der Jo-Spieler sucht sich einen Grund aus dem Brainstorming aus. Die Situation wird wieder bis zu der Frage nach dem Grund angespielt. Nun geht es darum, dass sich Kim selbst behauptet, indem sie mit der Provokation im konstruktiven Sinne fair umgeht.

Als lösungsorientierende Anregung können Sie sagen: *»Erinnert euch mal daran, als ihr geschubst wurdet und den anderen danach nicht geschlagen oder beleidigt habt: Wie habt ihr euch da verhalten? Macht das mal vor!«* Sie können in diesem Rollenspiel besonders auf die Körpersprache (Haltung, Mimik, Blickkontakt) und die Stimme achten (vgl. auch 7. Einheit: Ja-Nein-Dialog). Der Moderator schreibt die Lösungen beider Actstormings mit und pinnt sie an (getrennt nach Versehen und Absicht).
Falls der Kim-Spieler nicht weiterweiß, können Sie das Publikum fragen: *»Wer hat eine Idee, wie es weitergehen könnte, wer kann … ablösen und mal weiterspielen?«*

Lösungsvorschläge der Kinder:

- »Das tat mir ziemlich weh! Warum hast du das gemacht?«
- »Das sollst du nicht wieder machen, das will ich nicht.« Weggehen.
- »Wenn jeder rempelt, weil er Rache will, ist das doch keine Lösung!«
- Laut »Aua« brüllen, um erst einmal die Wut herauszu-lassen.

☞ An dieser Stelle geht es noch nicht primär um eine Klärung des eventuell dahinter stehenden Konflikts, sondern um Reaktionen, die die momentane Situation nicht eskalieren lassen.
Mögliche weitere Lösungsvorschläge: Perspektivenwechsel beim anderen anregen (*»Stell dir mal vor, ich würde dich einfach anrempeln, nur weil ich sauer auf dich bin!«*), Ich-Botschaft (*»Wenn du mich so anrempelst, dann werde ich furchtbar wütend auf dich, weil mir das wehtut. Sag mir doch, wenn dich etwas gestört hat.«*).

- **Frage:** *»In welchen Situationen könntet ihr die gesammelten Lösungen noch anwenden?«*

- **Punktwahl:** *»Welche Lösungen gehen am besten in echt und passen zu dir?«*
  Es ist wünschenswert, dass aus beiden Actstormings Lösungen auf die Bühne gebracht werden.

- **Videoaufnahme**

 **Geschichte**

📖 übernommen aus: Dörner et al. 1995.

Bevor Sie mit dem Vorlesen der Geschichte beginnen, erinnern Sie die Kinder bereits an ihre Trainingsaufgabe, die sie sich für die nächste Woche überlegen sollen. Nach der Geschichte, während die Kinder noch auf ihren Matten liegen, können Sie die heutigen Trainingsinhalte (z.B. die Lösungen aus dem Actstorming) als Anregung zusammenfassen.

💡 **Schlussrunde**

- Jedes Kind sagt, was es in der nächsten Woche trainieren wird. Der Trainer schreibt den Namen der Kinder mit ihren Zielen auf einem Flipchart mit. Jedes Kind kann nun sein Ziel auf den neuen Trainingsbogen abschreiben und ihn in die eigene Trainingsmappe heften.
- Die Kinder und Trainer/innen zeigen kurz mit dem Daumen ihre momentane Befindlichkeit an.
- Verabschiedung.

9. Trainingseinheit: Wie gehe ich mit Beleidigungen um?

Titel der Ablaufkarten	Material	Zeit
Anfangsrunde	Gefühlsgesichter, Karten für die Ablaufvorstellung, Flipchart vom letzten Mal (Trainingsaufgaben), Trainingsmappen der Kinder	
Wie gehe ich mit Beleidigungen um?	• Visualisierung der Situation, Karten oder Papier, • DIN-A-4-Papier, Klappe, Namensschilder • Klebepunkte, Videokamera	
Geschichte	Buch, Federn, Malutensilien, Matten	
Schlussrunde	Trainingsbogen (für jedes Kind), Stifte, Flipchart	

Ziel dieser Einheit:

In dieser Einheit möchten wir den Umgang mit Provokationen thematisieren. Als Beispiel für provozierendes Verhalten nehmen wir Beleidigen und ungerechtfertigtes »Anmachen«. Die Kinder können ausprobieren, wie sie sich auf kreative Art verbal und durch eigene Wutkontrolle abgrenzen können. Außerdem möchten wir mit den Kindern über die Motive von Provokationen sprechen.

Anfangsrunde

- Begrüßung
- Runde mit den Gefühlsgesichtern, die sich die Kinder beim Ankommen ausgesucht haben
- Was heute passiert: Vorstellung des Ablaufs am Ablaufplan
- Rückblick: »Bericht aus der letzten Trainingswoche«

  – *»Gibt es noch Fragen zum letzten Mal?«*
  – *»Wer möchte uns von seiner/ihrer Trainingswoche berichten? Das kann etwas sein, was gut geklappt hat und was man den anderen als Tipp weitergeben möchte. Oder etwas, was nicht gut geklappt hat.«*

Rollenspiel: Wie gehe ich mit Beleidigungen um?

- Situationsschilderung anhand einer Visualisierung: Kim und Jo befinden sich im Treppenaufgang, sie kommen gerade aus der Pause. Kim steht in der Tür und bindet sich die Schuhe zu. Jo sagt: *»Geh weg da, du Arsch!«*
Frage an die Kinder: *»Wer hat schon mal so eine ähnliche Situation erlebt oder beobachtet?«*

☞ Normalerweise kann man nicht so deutlich zwischen Provozierendem und Proviziertem trennen. Meistens ist es gar nicht feststellbar, wer angefangen hat zu beleidigen oder wer sich durch was beleidigt fühlt. Es entsteht eher ein »Hickhack« aus Beleidigungen und Gegenbeleidigungen, der in einer körperlichen Auseinandersetzung enden kann.
Uns ist es wichtig, dass die Kinder im Rollenspiel diese Spirale unterbrechen, indem das beleidigte Kind nicht mit einer weiteren Beleidigung kontert, sondern an dieser Stelle neue Verhaltensweisen ausprobiert. Dadurch ergibt sich in der Situationsvorgabe eine (eher unrealistische) Rollenzuweisung von Täter und Opfer. Es ist günstig, die Kinder darauf hinzuweisen.

- **Brainstorming:** *»Was möchte Jo wohl erreichen? Wozu beleidigt Jo Kim?«*
Die Kinder nennen mögliche Motive, die ein Trainer mitschreibt und an eine Stellwand pinnt. Wenn die Kinder auf diese Frage keine Antworten wissen, können Sie sie nach den Gründen für Jos Verhalten fragen.

- **Situationsdarstellung:** Die Trainer/innen spielen die Situation bis zum Knackpunkt auf der Bühne an.

- **Actstorming für die Rolle von Kim:** *»Wie kann Kim mit so einer Beleidigung umgehen?«*
Zunächst spielt wieder ein Trainer die Rolle von Jo. Das Verhalten und die Beschimpfung von Jo bleiben konstant (d.h., es sollten auch keine weiteren Schimpfwörter benutzt werden, um einen negativen Modelllerneffekt zu vermeiden), während in der Rolle von Kim verschiedene Ideen ausprobiert werden können.

Alle Kinder, die eine Idee haben, melden sich, und der Moderator ruft sie auf. Die ersten zwei »stellen sich schon in die Startlöcher«. Hintereinander werden nun die Ideen für Kim vorgespielt.

Als Anregung können Sie sagen: »*Erinnert euch an Situationen, in denen ihr beleidigt wurdet und ruhig geblieben seid: Was habt ihr da gemacht? Das könnt ihr mal vormachen.*«

Manchmal kommt es zu einer gespannten Atmosphäre zwischen Kim und Jo, weil Kim sich auf einen Machtkampf (»Ich gehe hier nicht weg!« – »Doch, du gehst weg, du Arsch!«) mit Jo einlässt. Ein Kind aus dem Publikum erinnerte sich dabei an eine Lösung aus dem Baumstammspiel, bei der keiner der beiden »Baumläufer« aus dem Weg ging.

Lösungsvorschläge der Kinder[1]:

- **Die Beleidigung überhören** (»Du kannst ja vorbei. Das ärgert mich nicht«/»Du kannst doch durch, da ist doch Platz für zwei.«)
- **Den Grund für die Beleidigung ansprechen** (»Wieso beschimpfst du mich? Kann ich nicht meine Schuhe zumachen?«/»Ich verstehe gar nicht, wieso du so unfreundlich zu mir bist.«)
- **Beleidigung zurückweisen** (»Ich bin kein Arschloch. Geh doch durch. Aber schimpf mich nicht so an!«/»Meinst du mich? Ich muss erst meine Schuhe zubinden, dann kannst du durch.«)
- **Intention der Provokation aussprechen** (»Ich will mich nicht mit dir prügeln. Du kannst vorbei.«/»Ich habe keine Lust, mit dir zu streiten und mich mit dir zu schlagen. Frag mich einfach.«)
- **Alternatives Verhalten vorschlagen** (»Du musst mich nicht beleidigen dafür. Du brauchst mich doch nur zu fragen: Kann ich vorbei?«)
- **Platz machen und sich nicht ärgern**
- **Sich dumm stellen** (»Wer ist hier ein Arschloch? Wo? Wieso? Was? Wer? Warum?«/in einer anderen Sprache antworten)
- **Ablenken** (»Ich stehe nicht im Weg. Aber hast du schon mal die Geschichte gehört von einem Jungen, der … «)
- **Einen Witz machen** (»Ich bin kein Arschloch, aber ich habe eins.«/»Stör mich nicht beim Beten.«/»Geh durch, das nächste Mal fünf Pfennig!«)

- **Frage:** »*In welchen Situationen könntet ihr diese Lösungen ausprobieren?*«

- Punktwahl: »Welche Lösung würdest du in echt machen?«
  Die Kinder bekommen jeweils zwei Punkte, die sie an ihre bevorzugte Lösung kleben.

---

1 Es fällt auf, dass die Kinder in diesem Actstorming sehr viele Lösungen gefunden haben. Vielleicht deutet das auf eine besondere Relevanz der Situation für sie hin.

- Videoaufnahme

 Zur Anregung: Falls die Kinder im Brainstorming interessante Motive hinter Jos Verhalten entdeckt haben (z.B. »Er möchte eigentlich der Freund von Kim werden und weiß nicht, wie.« oder »Sie ist stinkwütend auf Kim und will ihr das dadurch zeigen.«), können Sie den Kindern freistellen, ob sie das Actstorming wie oben vorgeschlagen durchführen möchten oder ob sie mehr Interesse daran haben, es unter folgendem Fokus durchzuführen: »Wie kann Jo sein Ziel auf faire Weise erreichen?« Der Rollenspielfokus schwenkt dabei von Kim (B-Position) auf Jo (A-Position) um.

Sie können sich auch direkt entscheiden, auf der Grundlage dieser Ausgangssituation eine weitere Trainingseinheit zu gestalten, in der sozial kompetente Kontaktaufnahme geübt wird und in der es um das Anbringen von Kritik gehen kann.

Geschichte

📖 übernommen aus: Dörner et al. 1995.

Bevor Sie mit dem Vorlesen der Geschichte beginnen, erinnern Sie die Kinder bereits an ihre Trainingsaufgabe, die sie sich für die nächste Woche überlegen sollen. Nach der Geschichte, während die Kinder noch auf ihren Matten liegen, können Sie die heutigen Trainingsinhalte (z.B. die Lösungen aus dem Actstorming) als Anregung zusammenfassen.

 Schlussrunde

- Jedes Kind sagt, was es in der nächsten Woche trainieren wird. Der Trainer schreibt den Namen der Kinder mit ihren Zielen auf einem Flipchart mit. Jedes Kind kann nun sein Ziel auf den neuen Trainingsbogen abschreiben und ihn in die eigene Trainingsmappe heften.
- Die Kinder und Trainer/innen zeigen kurz mit dem Daumen ihre momentane Befindlichkeit an.
- Verabschiedung.

10. Trainingseinheit: Wie kann ich mit Worten einschreiten?

Titel der Ablaufkarten	Material	Zeit
🐣 Anfangsrunde	Gefühlsgesichter, Karten für die Ablaufvorstellung, Flipchart vom letzten Mal (Trainingsaufgaben), Trainingsmappen der Kinder	🕐
Wie kann ich mit Worten einschreiten?	• Visualisierung zur Spielsituation • Plakat mit den Helferschritten, Pappkarten, Kleberolle • Streichhölzer • Klappe, Videokamera mit Stativ • Schriftliche Beobachtungsaufträge • Zwei leere Plakate	🕐
📖 Geschichte	Buch, Federn, Malutensilien, Matten	🕐
💡 Schlussrunde	Trainingsbogen (für jedes Kind), Stifte, Flipchart	🕐

Ziel dieser Einheit:

Die Kinder lernen in dieser Sitzung zuerst einen Handlungsablauf kennen, der eine mögliche Alternative bietet, wie man sich verhalten kann, wenn man Zeuge einer Auseinandersetzung anderer Kinder wird. Es gibt also das erste Mal eine Lerneinheit, in der die Trainer/innen den Kindern einen bestimmten Verhaltensablauf nahe legen. Wir haben uns zu diesem Schritt entschlossen, weil wir die Erfahrung gemacht haben, dass die Kinder ohne den unterstützenden Handlungsvorschlag in die Auseinandersetzung mit hineingezogen wurden, indem sie die Streitenden als Gegner begriffen (und die Streitenden die Helfer umgekehrt auch).

Im auf den Input folgenden Rollenspiel wird dann das neue Verhalten von den Kindern übernommen, variiert und geübt. Dieses Rollenspiel bietet in erster Linie Verhaltensmöglichkeiten an, die die C-Position, also die indirekt Beteiligten, betreffen. Es empfiehlt sich, den Kindern den Tipp zu geben, dass sich dieser Handlungsvorschlag auch auf Konfliktsituationen übertragen lässt, in denen man sich selbst in der Rolle eines Kontrahenten befindet.

🐣 Anfangsrunde

• Begrüßung
• Runde mit den Gefühlsgesichtern, die sich die Kinder beim Ankommen ausgesucht haben
• Was heute passiert: Vorstellung des Ablaufplans
• Rückblick: »Bericht aus der letzten Trainingswoche«

»Gibt es noch Fragen zum letzten Mal?«
»Wer möchte uns von seiner/ihrer Trainingswoche berichten? Das kann, wie ihr ja schon wisst, etwas sein, *was gut geklappt hat, oder etwas, was noch nicht so gut geklappt hat.«*

Rollenspiel: Wie kann ich mit Worten einschreiten?

• **Bezug der Kinder zum Thema herstellen und den Verhaltensvorschlag vorspielen:**
»Ihr kennt sicher alle die Situation, einen ernsten Streit zu sehen, und andere Kinder stehen drumherum und wissen nicht, was sie tun können. Wem ist das schon mal so gegangen? Wir wollen heute mit euch üben, wie man den Streitenden helfen kann.«

Kündigen Sie den Kindern auch an, dass sie heute etwas vormachen, von dem Sie glauben, dass es ein funktionierendes Vorgehen für sie sein könnte. Bevor Sie mit der Vorstellung der Schritte zum Einschreiten beginnen, teilen Sie die Kinder in zwei Gruppen ein. Erteilen Sie den beiden Gruppen unterschiedliche Beobachtungsaufträge (ggf. zusätzlich in schriftlicher Form, z.B. Worte/Taten): Die eine Gruppe achtet auf die Worte, die andere auf die Bewegungen und Handlungen der Streittrainer/innen. Wenn die Kinder möchten, können sie sich Notizen als Spickzettel für später machen, dazu legen Sie Karten und Stifte bereit (pro Beobachtung eine Karte). Dabei besteht kein Anspruch auf Vollständigkeit!

Zwei Kinder stellen pantomimisch und in Zeitlupe eine ernste Auseinandersetzung nach. Wählen Sie für diese Rollen zwei Kinder aus, von denen Sie annehmen, dass sie diese Aufgabe ernsthaft ausführen. Das geschieht, um die Schnelligkeit aus der Darstellung zu nehmen und die Aufmerksamkeit der anderen Kinder auf die Einschreitenden zu lenken.

Stellen Sie nun die folgenden Handlungsschritte dar, gegebenenfalls durch lautes Denken:

– **Unterstützung suchen:** Das Kind spricht Umstehende an und fordert sie auf, ebenfalls Position zu beziehen und es beim Schlichten zu unterstützen. Zumindest sucht es sich einen Helfer. Schon hier müssen sich die beiden Helfer entscheiden, ob sie sich der Situation gewachsen fühlen oder ob sie sie als so ernst und bedrohlich einschätzen, dass sie einen Erwachsenen zu Hilfe rufen wollen.

– **Ruhe bewahren:** Die zwei einschreitenden Kinder machen keine hektischen Bewegungen, sondern bleiben ruhig.

– **Position beziehen:** Jedes Kind spricht ruhig, laut und deutlich die Streitenden mit Namen an und sagt: *»Hört auf! Geht auseinander!«*

– **Kommunikation herstellen:** Jeweils ein Kind konzentriert sich auf einen der Streitenden, spricht ihn an und nimmt dabei Blickkontakt auf. Eventuell kann es sein Verhalten kritisieren, ihn aber nicht abwerten oder beleidigen. Es ist aufmerksam für das, was er sagt. Dabei sollte das schlichtende Kind Körperkontakt möglichst vermeiden, da er als Angriff missverstanden werden kann.

– **Alternativen anbieten:** Dieses Kind schlägt nun dem aufgebrachten Kind vor, gemeinsam wegzugehen, sich von der Wut abzukühlen und darüber zu reden.

Sammeln Sie im Anschluss mit den Kindern auf Karten die Beobachtungen. Eventuell haben die Kinder bei der Demonstration schon Karten beschrieben, diese können Sie nun noch ergänzen. Die Karten gruppieren Sie an der Pinnwand nach den fünf vorgestellten Punkten, sodass eine Wand zum Abgucken für die Spielphase entsteht. Dabei können die fünf Aspekte für die Kinder wie folgt »übersetzt« werden:

gewalttätigen Auseinandersetzungen sofort sein und ist kein Petzen; viele ernste Streitigkeiten können Kinder aber auch untereinander lösen. Diese Alternative zum selbstständigen Schlichten können Sie visualisieren, indem Sie eine Karte zu diesem Punkt in eine weitere Zeile (wie unten) pinnen. Kündigen Sie den Kindern an, dass Sie nach dem Rollenspiel noch einmal mit ihnen über den Unterschied zwischen Hilfeholen und Petzen sprechen möchten.

● **Situationsschilderung im Sitzkreis:**
Eike und Lu beobachten auf dem Schulhof zwei streitende Kinder aus ihrer Klasse. Es sind Kim und Jo. Sie beschimpfen einander. Eike und Lu hören aus ihren Worten raus, dass es darum geht, wer als Erster an der Schaukel war. Eike und Lu möchten dabei nicht zugucken und versuchen, mit Worten einzuschreiten.

● **Actstorming für die beiden Helferrollen Eike und Lu und zeitgleiche Videoaufnahme:**
Nennen Sie vorab noch einmal das Ziel, dass es darum geht, die Situation zu beruhigen und mit Worten einzuschreiten. Dabei können sich die Kinder an dem Ablauf orientieren und ihn für sich passend umsetzen.
Um den Verlauf des Actstormings zu strukturieren, bietet es sich an, die Kinder schon in Tandems einzuteilen. Die Verteilung kann über Streichholzlosen erfolgen (Kinder, die gleich lange Streichhölzer gezogen haben, spielen zusammen). Die Startreihenfolge schreiben Sie an die Tafel. Dabei spielt immer das Tandem, das die Helferrollen gespielt hat, gleich darauf die Streitenden Kim und Jo. So kann sich jedes Kind in beide Seiten (Helfer, Streitende) einfühlen.
Wenn Eike und Lu sich während ihres Auftritts nicht an den Ablauf erinnern, können sie das Publikum um Rat fragen, oder die Moderator/innen zeigen den

Unterstützung	suchen	Ruhe bewahren		Streitende
Das geht immer:				
		Einen Erwachsenen zu Hilfe holen		

Außerdem ist es wichtig, den Kindern mitzuteilen, dass es zu jedem Zeitpunkt möglich ist, eine erwachsene Person (z.B. eine Lehrerin) zu Hilfe zu holen, wenn sich die schlichtenden Kinder überfordert fühlen. Das kann bei

spielenden Kindern die Pappkärtchen mit den fünf Schritten zum Einschreiten.
Es ist wichtig, die Kinder in der Rolle der Streitenden aufzufordern, sich auf die beruhigenden Worte ein-

zulassen. Nur wenn die Streitenden nicht zum Aufhören zu bewegen sind, gehen Sie in der Rolle des gerufenen Lehrers in die Szene.

- **Frage:** »*In welchen Situationen kann ich so mit Worten einschreiten?*«
  Hier können Sie noch einmal betonen, dass es bereits viel bringt, wenn die umstehenden Kinder Stellung beziehen und sich zu Wort melden, anstatt zuzuschauen oder gar die Kämpfenden anzufeuern.

- **Exkurs: Petzen**
  Im Anschluss sollten Sie im Sitzkreis (wenigstens kurz) noch einmal auf das Thema Petzen zurückkommen. Ziel hierbei ist es zu verstehen, dass es einen Unterschied gibt zwischen Petzen und Hilfeholen. Zu diesem Zweck stellen Sie den Kindern die Frage: »*Was ist der Unterschied zwischen Hilfeholen und Petzen?*« In dieser Gesprächsrunde sind Sie als Moderator gefragt. Wichtig ist hierbei, dass die Kinder sich zu diesem Thema miteinander austauschen. Sicherlich ist im Rahmen der zwei Streit-Trainingsstunden keine ausführliche Auseinandersetzung möglich. Es wäre daher gut, wenn der Klassenlehrer das Thema Petzen vor oder nach dieser Einheit im Unterricht aufgreift.[1]

 Geschichte

übernommen aus: Dörner et al. 1995.

Bevor Sie mit dem Vorlesen der Geschichte beginnen, erinnern Sie die Kinder wieder daran, dass sie sich die Stunde noch einmal vor Augen führen können, um eine Trainingsaufgabe für die nächste Woche auszusuchen. Nach der Geschichte, während die Kinder noch auf ihren Matten liegen, können Sie wieder die heutigen Trainingsinhalte (den Ablauf zum helfenden Einschreiten, den Geschichtsinhalt, die Umgangsregeln) als Anregungen für die Wahl der Trainingsaufgabe zusammenfassen.

Schlussrunde

- Jedes Kind sagt, was es in der nächsten Woche trainieren wird. Der Trainer schreibt den Namen der Kinder und ihre Ziele auf einem Flipchart mit. Jedes Kind kann nun sein Ziel auf den neuen Trainingsbogen abschreiben und ihn in die eigene Trainingsmappe heften.
- Die Kinder und Trainer/innen zeigen kurz mit dem Daumen ihre momentane Befindlichkeit an.
- Verabschiedung.

---

1 Zum Beispiel könnte man die Kinder zunächst Streitsituationen auf Karten sammeln lassen, diese ggf. durch weitere ergänzen und anschließend in zwei Kleingruppen die Situationen auf einem »Meinungsmeter« von »Kein Petzen« bis »Petzen« einordnen lassen.

11. Trainingseinheit: Wie können wir Meinungsverschiedenheiten klären?

Titel der Ablaufkarten	Material	Zeit
Anfangsrunde	Gefühlsgesichter, Karten für die Ablaufvorstellung, Flipchart vom letzten Mal (Trainingsaufgaben), Trainingsmappen der Kinder	
Sketsch: zwei Freunde und eine Orange	Klappe, 1 Orange, Messer und Saftpresse	
Wie können wir Meinungsver--schiedenheiten klären?	• Visualisierung der Gesprächsregeln und der einzelnen Schritte • Plakat für Brainstorming • Pappkarten mit Satzanfang »Ich …« (in zwei Farben), 2 Listen für Pro und Kontra-Argumente, Klebeband • Videokamera mit Stativ • Hand-out-»Reime«	
Geschichte	Buch, Federn, Malutensilien, Matten	
Schlussrunde		

Ziel dieser Einheit:

Die Kinder lernen in dieser Einheit einen strukturierten Handlungsablauf zur verbalen Konfliktlösung kennen. Zunächst wird er als Input von den Trainer/innen vermittelt und anschließend in der Gruppe angewendet. Wir haben die Erfahrung gemacht, den Kindern diese Struktur anzubieten, da nur wenige von sich aus in der Lage waren, den Konflikten in den Übungen – wie auch im richtigen Leben – konstruktiv zu begegnen.

In erster Linie bietet diese Sitzung Verhaltensmöglichkeiten an, die die A- und B-Position betreffen, also die direkt an einem Konflikt Beteiligten. Die Inhalte, die Sie in dieser Einheit vermitteln, werden in der letzten Einheit vertieft. Neu wird dann sein, den Blick auch auf die C-Position, also die an einer Meinungsverschiedenheit indirekt Beteiligten, zulenken.

Wir haben uns für die beiden letzten Sitzungen an den Kompetenzen orientiert, die allgemeinen Handlungsschemata von Mediationsabläufen zu Grunde liegen. Eine genaue Darstellung der wichtigsten Mediationsschritte finden Sie in Leiß / Kaeding 1997, S. 5.

Anfangsrunde

• Begrüßung
• Runde mit den Gefühlsgesichtern, die sich die Kinder beim Ankommen ausgesucht haben
• Was heute passiert: Vorstellung des Ablaufplans
• Rückblick: »Bericht aus der letzten Trainingswoche«
  – *»Gibt es noch Fragen zum letzten Mal?«*

– *»Wer möchte uns von seiner/ihrer Trainingswoche berichten? Das kann, wie ihr ja schon wisst, etwas sein, was gut geklappt hat, oder etwas, was noch nicht so gut geklappt hat.«*

Sketsch: Zwei Freunde und eine Orange

abgewandelt nach: Faller 1998, S. 34.

Demonstrieren Sie in einem Rollenspiel zu zweit, warum es lohnen kann, seine Absichten offen zu legen, und warum es nützlich ist, über sie zu reden.

Spielen Sie zwei Streitende, die es auf eine einzig vorhandene Orange abgesehen haben. Es geht beiden darum, die Orange ganz für sich allein zu haben. Einigen Sie sich nach einigem erfolglosen Hin und Her auf die konventionelle Lösung, die Orange in der Mitte zu halbieren. Stellen Sie dann dar, wozu die beiden ihre halbe Orange benutzen. Die Pointe ist, dass die eine Person nur die Schale gebrauchen kann (für einen Kuchen) und die andere nur den Saft auspresst und verwertet. Fragen Sie, nachdem die Schlussklappe fiel, was an der Lösung »nicht so clever« war, und ziehen Sie das Fazit, dass es sich durchaus lohnt, über seine Absichten zu reden.

Wie können wir Meinungsverschiedenheiten klären?

Damit Sie einen Überblick über diese Sequenz gewinnen, beschreiben wir hier zunächst allgemein, was den Gesprächsablauf zur Klärung von Meinungsverschie-

denheiten ausmacht. Drei Phasen lassen sich unter-scheiden: die der **Klärung**, der **Lösungssuche** und der **Einigung.**
Für ein klärendes Gespräch setzen wir folgende drei **Gesprächsregeln** voraus:

- Sagen, was ich verstanden habe
- Freundlich sprechen und Ich-Botschaften »senden«
- Den anderen aussprechen lassen

In der Phase der Sichtweisenklärung schildern die Konfliktpartner nacheinander ihre Ansicht und versuchen auch, ihre damit verbundenen Gefühle zu äußern. Die Partner wiederholen jeweils, was sie von dem Gesagten verstanden haben. Es wird noch nicht über Lösungs-ideen nachgedacht (Lösungsaufschub).

Erst während der Lösungssuche werden in einem Brainstorming – ohne Zensur – alle Ideen aufgeschrie-ben. Danach einigen sich die Konfliktpartner auf eine Lö-sung, die für beide fair und realisierbar ist.

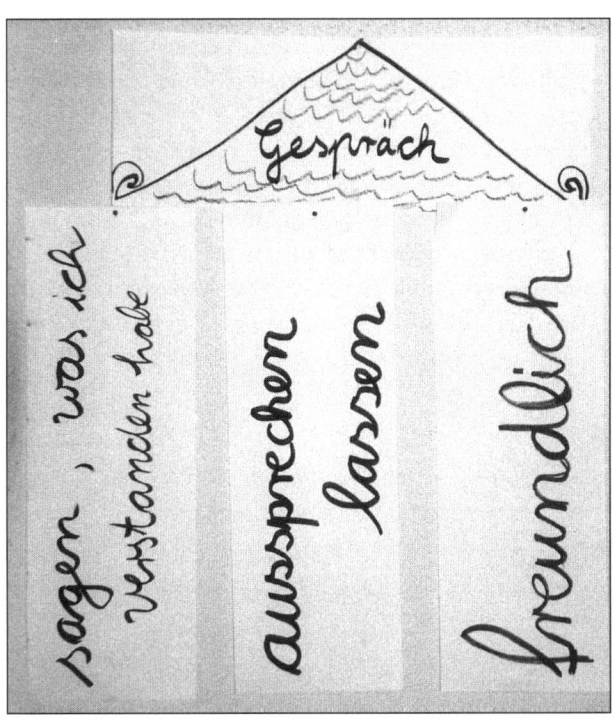

Abbildung 14: Klärungsgesprächs-Säulen

Erster Teil: Klären, was dahinter steckt!

Input:
Stellen Sie den ersten Teil des Vorschlags vor, wie man sich bei Meinungsverschiedenheiten verhalten kann. Damit es für die Kinder eingängiger ist, haben wir den Input in Reime gefasst, die Sie mehrmals »anbringen« und erklären sollten. Wir haben die Schritte noch zusätz-lich visualisiert.

- Ich kühl mich ab, bevor unser Gespräch beginnt,
- sag, was ich verstanden hab, frag freundlich, ob das stimmt.
- Sprech dann erst meine Meinung aus und was da als Gefühl mitschwingt.

Abbildung 15: Visualisierung: 1. Schritt

Präsentationsvorschlag: »Jim und Jane«
Um die Vermittlung des komplexen Stoffs nicht langwei-lig werden zu lassen, haben wir uns in diesem Zu-sammenhang den Auftritt von Jim und Jane einfallen las-sen. Sie können ihn auch durch eine andere Methode ersetzen.[1]
»Schlüpfen« Sie in die Rolle dieses Paares, und setzen Sie sich, wenn Sie mögen, Perücken auf. Das kann Sie unter-stützen, leichter in die Rolle einzusteigen, und es erhei-tert die Kinder sofort, wodurch sich ihre Neugier steigert. Benehmen Sie sich dann so, wie es die amerikanischen Schauspieler/innen in den nächtlichen Dauerwerbesen-dungen tun: Verstellen Sie Ihre Stimme, reden Sie über-deutlich und exaltiert, verwenden Sie Allgemeinplätze und scheuen Sie keine Wiederholung dieser Floskeln (bspw. *»Das ist ja der Hammer!« »Das ist ja sooo easy!«*). Wenn Sie noch mehr Anregungen brauchen, empfehlen wir noch einen zusätzlichen Blick in die privaten Fern-sehprogramme.

Sagen Sie den Kindern, dass gleich Gäste kommen, die ihnen eine Vorgehensweise bei Meinungsverschieden-heiten vorstellen. Gehen Sie vor die Tür, um sie zu holen, und sagen Sie den Kindern, dass sie lauten Beifall für die

---

1 Eine weitere recht unkonventionelle Methode der Stoffver-mittlung ist z.B., den Input vorab auf Video aufzunehmen und den Kindern via Fernseher zu präsentieren (»Tagesschau«). Auch wenn es sicherlich kritische Stimmen gegenüber dem Einsatz des Fernsehens gibt, denken wir, dass diese beiden Me-thoden die Kinder so ansprechen, dass es ihnen leichter fällt, dem Inhalt zu folgen.

Gäste spenden sollen. Tauchen Sie wieder als Jim und Jane im Klassenraum auf. Werben Sie kräftig für die Schritte, die Sie auf den Plakaten visualisiert haben.

Jim stellt sie vor und Jane setzt sie in Bezug mit dem Geschehen aus dem Orangenbeispiel. Kehren sie danach unter Applaus den Kindern den Rücken und kommen Sie wieder als Trainer/innen zurück in die Klasse.

 In der schriftlichen Befragung nach dem Training wünschten sich etwa zwei Drittel der befragten Kinder die Präsentationsform »Jim und Jane« wieder. Zwei Mädchen sprachen sich jedoch auch explizit dagegen aus.

Übung: Meinungszickzack

📖 In einem Rhetorikseminar selbst als »Amerikanische Debatte« kennen gelernt.

• Bilden Sie zwei gleich große Gruppen. Stellen Sie zu diesem Zweck die folgende Frage: »Sollten Kinder, die nicht so gut Ballspiele können, in der Pause mitspielen dürfen?« Ein Trainer vertritt die eine Meinung dazu (»Ja, sollen sie!«), der andere Trainer die zweite Meinung (»Nein, sollen sie nicht!«). Die Kinder ordnen sich ihrer Meinung nach einem der Trainer/innen zu.

Für »unsere« Kinder besaß diese Frage eine gewisse Brisanz. Nutzen Sie lieber eine andere Frage, wenn »Ihre« Kinder mit dieser nicht so viel anfangen können.

• In den beiden Gruppen werden jetzt parallel (jeweils zusammen mit einem Trainer) Begründungen für die eigene Meinung gesammelt. Jedes Kind schreibt eine Begründung auf eine Karte, wobei die Gruppen Karten unterschiedlicher Farbe benutzen. Halten Sie für den Fall, dass die Kinder nicht genügend Begründungen finden oder sprachliche Schwierigkeiten beim freien Formulieren haben, eine von Ihnen im Voraus erstellte Liste mit Gründen bereit, aus der dann gegebenenfalls welche ausgesucht und abgeschrieben werden können (siehe Arbeitsblatt). Sagen sie den Kindern, dass der Satz, der ihre eigene Meinung ausdrücken soll, mit »Ich hab dann das Gefühl/das Problem ...« beginnen könnte, zumindest aber mit »Ich ...« anfangen sollte.

• Erklären Sie nun den Meinungszickzack mit einem zusätzlichen Bild an der Tafel. Beziehen Sie die Kinder in den Erklärungsvorgang ein, indem Sie sie immer wieder fragen, was wohl als Nächstes kommt. Das hilft den Kindern, den komplexen Spielverlauf besser zu verstehen.

Beide Gruppen sitzen sich in zwei Reihen gegenüber. Das erste Kind aus der Pro-Gruppe sagt sein Argument. Das ihm gegenübersitzende Kind aus der Kontra-Gruppe wiederholt nun in seinen eigenen Worten, was es verstanden hat. Es vergewissert sich dann, ob das stimmt. Erst dann sagt es dem ihm schräg gegenübersitzenden zweiten Kind aus der Pro-Gruppe seine eigene Meinung.

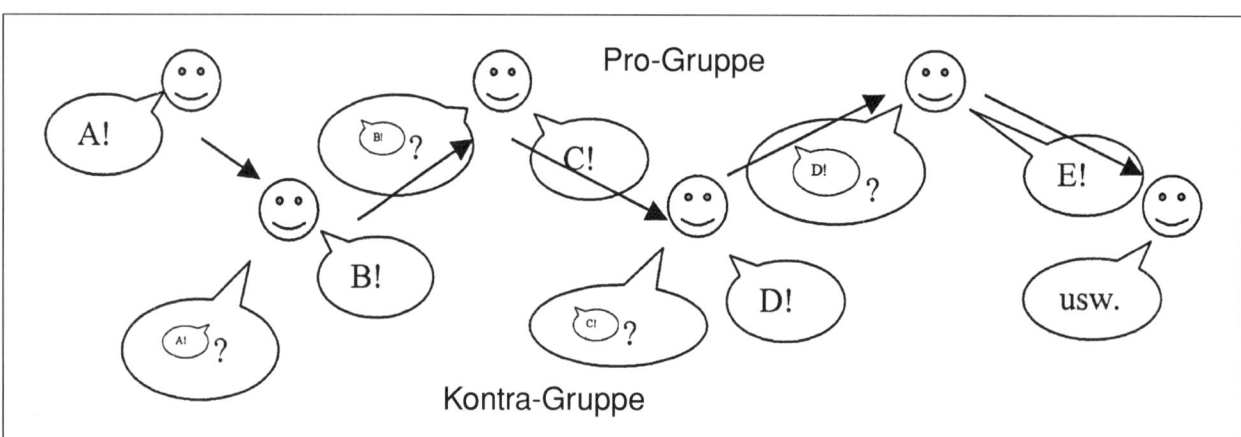

Abbildung 16: Tafelbild für die Übung Meinungszickzack

Um den Vorgang weiter zu veranschaulichen, ist es außerdem sinnvoll, wenn die beiden Trainer/innen als Modell beginnen. Falls Kinder Schwierigkeiten mit dem Vorgehen haben, können sich die Trainer/innen hinter das Kind stellen und ihm unterstützend beim Formulieren helfen, oder aber für das Kind sprechen, sodass es das Vorgesagte darauf nur noch wiederholen muss.

Im Anschluss an den Durchgang kleben die Kinder ihre Karten an die entsprechende Stelle des Tafelbilds, sodass ein Abbild des Gesprächs entsteht.

Falls Sie über ein Stativ verfügen, können Sie auch diese Übung filmen, um sie in der Klasse zu gucken. Auch wenn diese Übung kein gewohntes Rollenspiel darstellt, sind die geübten Verhaltensweisen (Zuhören und Wiederholen) unserer Erfahrung nach oft »filmreif« gewesen.

Übung: Lösungs-Brainstorming und Einigung

Suchen Sie nun mit den Kindern zusammen eine gemeinsame Lösung für das Problem aus der vorangegangenen Übung.

- Schreiben Sie alle Lösungsvorschläge an der Tafel auf und sagen Sie den Kindern explizit, dass das jetzt das Brainstorming ist.
- Suchen Sie einen Lösungsvorschlag mit den Kindern aus. Kriterium ist, dass alle Kinder ihn in Ordnung finden. Erklären Sie nochmals, dass es allgemein wichtig ist, dass alle Konfliktpartner mit der Lösung einverstanden sind, damit sie sich auch daran halten können.
Sie lesen jeden einzelnen Lösungsvorschlag vor. Nun zeigt jedes Kind auf, das mit dieser Lösung einverstanden ist. Eventuell können Sie auch diese Sequenz filmen.

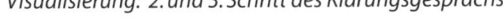
Visualisierung: 2. und 3. Schritt des Klärungsgesprächs

Zweiter Teil: Lösungssuche und Einigung

Input:

Stellen sie nun den zweiten Teil des Vorschlags vor, wie man sich bei Meinungsverschiedenheiten verhalten kann.

Es folgt nun ein zweiter Auftritt von Jim und Jane, der den Kindern die folgenden Informationen übermitteln soll:

- Eine Lösung findet dann, wer Brainstormings benutzen kann.
- Was die Lösung ist, bestimmen beide, sodass keiner drunter leide.
- Geht's auch in echt, so ist es recht!

Sollte sich keine absolute Mehrheit für einen Vorschlag finden, fragen Sie die Minderheit, unter welchen Bedingungen sie den Vorschlag annehmen könnte bzw. was man noch verändern müsste, damit ihr die Zustimmung möglich wird. Wenn das Verändern der Lösung zu aller Zufriedenheit nicht möglich ist, bieten Sie eine Verhandlungspause zum Überdenken der Positionen an, oder führen Sie nochmals eine Sichtweisenerkundung mit den Kindern durch. Vertagen Sie dies eventuell auf die letzte Trainingseinheit. In drei der vier Gruppen gab es bei unserer Durchführung jedoch keine Schwierigkeiten, eine gemeinsame Lösung zu finden.

Fragen Sie am Schluss nach, ob die Kinder die Reime schon aufsagen können, oder wiederholen Sie sie noch einmal gemeinsam, indem Sie das Hand-out an alle Kinder verteilen. Dieses können sie anschließend in ihre Trainingsmappen heften.

Gesprächsregeln

- Sagen, was ich verstanden habe

- Freundlich sprechen und Ich-Botschaften senden

- Den anderen aussprechen lassen

Sichtweisen austauschen

- Ich kühl mich ab, bevor unser Gespräch beginnt,

- sag, was ich verstanden hab, frag freundlich, ob das stimmt.

- Sprech dann erst meine Meinung aus und was da als Gefühl mitschwingt.

Lösungssuche und Einigung

- Eine Lösung findet dann, wer Brainstormings benutzen kann.

- Was die Lösung ist, bestimmen beide, sodass keiner drunterleide.

- Geht´s auch in echt, so ist es recht!

✎ Geschichte

📖 übernommen aus: Dörner et al. 1995.

Da es in dieser Sitzung bisher wenig spielerische Elemente gab, können Sie an Stelle der Geschichte vielleicht besser ein Bewegungsspiel (z.B. Japanisch knobeln, Beschreibung s. S. 79) mit den Kindern machen. Wir lassen den Kindern die Wahl zu entscheiden, ob sie eher dem Bedürfnis nach Entspannung oder Bewegung nachgeben wollen.

Bevor Sie mit dem Vorlesen der Geschichte beginnen, erinnern Sie die Kinder wieder daran, dass sie sich die Stunde noch mal vor Augen führen, um eine Trainingsaufgabe für die nächste Woche auszusuchen. Nach der Geschichte, während die Kinder noch auf ihren Matten liegen, können Sie wieder die heutigen Trainingsinhalte als Anregungen für die Wahl der Trainingsaufgabe zusammenfassen.

Schlussrunde

- Jedes Kind sagt, was es in der nächsten Woche trainieren wird. Der Trainer schreibt den Namen der Kinder und ihre Ziele auf einem Flipchart mit. Jedes Kind kann nun sein Ziel auf den ersten Trainingsbogen abschreiben und ihn in die eigene Trainingsmappe heften.
- Die Kinder und Trainer/innen zeigen kurz mit dem Daumen ihre momentane Befindlichkeit an.
- Verabschiedung und Anregung, für die Abschiedsrunde der letzten Sitzung Musik mitzubringen.

Arbeitsblatt für die 12. Trainingseinheit

Position: Alle sollen mitspielen können.

- Ich fühle mich ausgeschlossen, wenn ich nicht mitspielen darf.

- Ich finde, in der Schule können alle mitspielen - das ist doch nur zum Spaß, wir sind hier nicht im Verein.

- Ich habe mit meinen Freunden keinen Platz für andere Spiele, wenn Ball gespielt wird, also finde ich, dass alle mitspielen dürfen.

- Ich möchte üben und besser werden beim Ballspielen. Deshalb will ich mitspielen.

- Ich habe Spaß dabei und freue mich jede Pause darauf.

Position: Nur gute Spieler sollen mitspielen dürfen.

- Ich fühle mich gelangweilt, wenn da Schlechte stören.

- Ich friere, wenn man nur auf die schlechten Spieler warten muss.

- Ich kann nicht trainieren, wenn die Schlechten immer die Chancen vergeben.

- Ich möchte gewinnen gegen die andere Klasse — da können wir keine Schlechten gebrauchen.

- Ich durfte früher auch nicht mitspielen.

12. Trainingseinheit: Wie können wir gemeinsam Konflikte mit Worten lösen?

Titel der Ablaufkarten		Material	Zeit
☺	Anfangsrunde	Gefühlsgesichter, Karten für die Ablaufvorstellung, Flipchart vom letzten Mal (Trainingsaufgaben), Trainingsmappen der Kinder	🕐
	Wie können wir gemeinsam Konflikte mit Worten lösen?	Plakat mit den Schritten von Jim und Jane, Tische, je ein Stift pro Tisch, Rollenanweisungen, Arbeitsblatt als Tischvorlage	🕐
📖	Geschichte	Buch, Federn, Malutensilien, Matten	🕐
🏃	Japanisch knobeln		🕐
💡	Abschiedsrunde	Limonade, Becher, Abschlusszertifikate, Musik	🕐

Ziel dieser Einheit:

Die Kinder vertiefen in dieser Sitzung ihre Erfahrungen mit dem Schema zur Klärung von Konflikten aus der vorangegangenen Einheit. Sie können praktisch an einem anderen Beispiel üben, wie man verhandeln kann, wenn man einen Streit mit jemand anderem hat. Erweitert wird in dieser Einheit der Blick auf die Beisteher als mögliche Schlichter (ein neutraler Dritter in der C-Position), die den Kindern, die einen Konflikt haben, helfend zur Seite stehen, während diese selbst versuchen, ihre Sache zu regeln. Selbstverständlich kann diese Einheit nur eine erstes Kennenlernen der Schlichterfunktion leisten und keine Mediatorenausbildung sein!

Außerdem ist es wichtig, genügend Zeit für die Abschlussrunde zu haben, damit alle in Ruhe Abschied nehmen können.

☺ Anfangsrunde

- Begrüßung
- Runde mit den Gefühlsgesichtern, die sich die Kinder beim Ankommen ausgesucht haben
- Was heute passiert: Vorstellung des Ablaufplans dieser letzten Veranstaltung
- Rückblick: »Bericht aus der letzten Trainingswoche«

– *»Gibt es noch Fragen zum letzten Mal?«*
– *»Wer möchte uns von seiner/ihrer Trainingswoche berichten? Das kann, wie ihr ja schon wisst, etwas sein, was gut geklappt hat, oder etwas, was noch nicht so gut geklappt hat.«*

Rollenspiel: Wie können wir gemeinsam Konflikte mit Worten lösen?

- **Wiederholung des Lösungsschemas**

Für die Durchführung des Rollenspiels ist es wichtig, dass die Kinder den Ablauf zur Klärung von Meinungsverschiedenheiten aus der 12. Einheit wieder im Gedächtnis haben. Wir haben die Inhalte wieder in den Rollen von Jim und Jane präsentiert.

Merkvers für die Sichtweisenklärung:
– Ich kühl mich ab, bevor unser Gespräch beginnt,
– sag, was ich verstanden hab, frag freundlich, ob das stimmt.
– Sprech dann erst meine Meinung aus und was da als Gefühl mitschwingt.

Merkvers für die Lösungssuche und die Einigung:
– Eine Lösung findet dann, wer Brainstormings benutzen kann.
– Was die Lösung ist, bestimmen beide, sodass keiner drunter leide.
– Geht's auch in echt, so ist es recht!

- **Brainstorming: »Welche Konflikte könnt ihr mit den drei Schritten von Jim und Jane lösen?«**

Um den Bezug vom Lösungsschema zu den dazu passenden Konflikten der Kinder herzustellen, eignet sich ein Brainstorming: Die Kinder nennen Beispiele, die an der Tafel mitgeschrieben werden.

Machen Sie die Kinder neugierig darauf, die folgenden von Ihnen angebotenen Fallbeispiele mit dem neuen Vorgehen zu lösen. Wahrscheinlich kommen die Fallbeispiele den genannten Konflikten der Kinder nahe, sodass Sie auf das vorbereitete Material zu einem Ressourcenkonflikt (d.h. zwei wollen die gleiche begrenzte Ressource) zurückgreifen können.

Die Kinder nannten z.B. die folgenden Konfliktfälle, in denen es häufig um knappe Ressourcen als Konfliktursache ging (Zwei streiten sich um einen Stuhl/um Geld/um einen Ball/um ein Schulbrot). Es wurden aber auch andere Konfliktarten genannt (z.B.: Zwei haben einander wehgetan/ Zwei streiten sich darüber, wer Recht hat).

- **Erklärung, wie das Rollenspiel zur Streitlösung abläuft:**

Die Erklärung kann durch ein während des Sprechens zu erstellendes Tafelbild verdeutlicht werden. »*Probiert die Schritte von Jim und Jane aus. Zwei Kinder übernehmen die Rollen von Kim und Jo, die einen Streit haben. Zwei Streithelfer unterstützen sie bei der Klärung. Worum es genau geht, steht gleich auf einem Zettel, den ihr dann bekommt.*«

Mit Hilfe von Nachfragen, was die Kinder als Vorgehen erwarten und was als nächster Schritt kommen könnte, werden die drei Phasen des Konfliktverhandlungsprozesses veranschaulicht.

Instruktion: »*Zuerst geht es ums Verstehen: Erst sagt Jo seine Ansicht und Kim wiederholt, was sie davon verstanden hat. Dann sagt Kim ihre Ansicht, und Jo wiederholt, was er verstanden hat. Im zweiten Schritt geht es darum, nach einer Lösung zu suchen. Da überlegen Kim und Jo, was alles Vorschläge sein könnten, um die Meinungsverschiedenheit aufzulösen. Im letzten Schritt versuchen die beiden, sich zu einigen. Kim und Jo entscheiden sich dann für eine Abmachung, die sie beide gerecht finden. An jedem der Tische, an denen die Verhandlung gespielt wird, liegt dann ein Zettel, der euch hilft, diese drei Schritte einzuhalten. Außerdem gibt's ja noch die Streithelfer, die auf den Ablauf achten.*«

- **Verteilung und Erklärung der Rollen**

Teilen Sie die Gruppe in Kleingruppen mit höchstens vier Kinder ein (Kim, Jo, zwei Streithelfer/innen). Für die Rolle der Streithelfer sollten Sie Kinder aussuchen, die schon in der vorangegangenen Sitzung die Schritte von Jim und Jane gut verstanden haben und denen Sie diese anspruchsvolle Aufgabe zutrauen. Die Trainer/innen haben es wesentlich einfacher, wenn jeder von ihnen nur auf einen der Kleingruppentische achten muss. Unserer Erfahrung nach ist Hilfestellung für alle Beteiligten erforderlich! Parallel weist ein Trainer jeweils die Gruppe der Streitpartner und die Gruppe der Streithelfer ein.

Instruktion für die Streithelfer/innen:
Der Trainer kann mit ihnen das Arbeitsblatt[1] (angefügt am Ende der Beschreibung dieser Einheit) durchgehen und teilt das Schreibmaterial an sie aus. »*Lest den beiden Konfliktpartnern Punkt für Punkt die Anleitung vor, die auf diesem Zettel steht. Das ist auch gleichzeitig der Arbeitszettel, in den ihr die Vorschläge und Ideen aus dem Brainstorming eintragen sollt, damit nichts verloren geht. Später unterstreicht ihr dann auch die Lösung, für die sich Kim und Jo zusammen entschieden haben. Wenn man sich also durch den Zettel arbeitet, macht man automatisch das, was für die drei Schritte Verstehen, Lösungssuche und Einigung nötig ist. Achtet auch noch darauf, dass die beiden einander zuhören und das wiederholen, was der andere gesagt hat.*«

Instruktion für die Streitpartner/innen:
Die Rollen Kim und Jo haben wir nach den Wünschen der Kinder verteilt bzw. über Streichholzlosen vergeben. Die Instruktionen für Jo und Kim sind in den Zetteln mit den Rollenanweisungen enthalten. Erklären Sie zusätzlich für die Spieler von Jo und Kim, dass das Durcharbeiten des von den Streithelfern mitgebrachten Zettels ihnen hilft, die drei Schritte durchzuführen.

[1] Die Lehrer/innen können dieses Arbeitsblatt anschließend in der Klasse zur Klärung tatsächlicher Konflikte zwischen Schüler/innen einführen.

Rollenanweisungen für zwei unterschiedliche Spielsituationen:

(zum Kopieren und Ausschneiden)

Du bist **Jo**:

»Ich bin zur Schaukel gerannt und war zur gleichen Zeit da wie Kim. Ich möchte endlich mal wieder schaukeln. Ich habe mich so darauf gefreut, das habe ich schon ganz lange nicht mehr gemacht!«

Du bist **Kim**:

»Jo und ich waren gleichzeitig an der Schaukel. Dabei bin ich extra schnell gerannt, weil ich die Schaukel für mich allein haben wollte. Ich kann nur in der Schule schaukeln.«

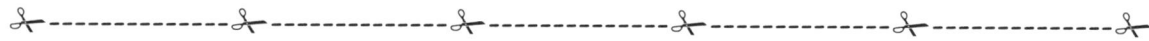

Du bist **Jo**:

»Wir haben Fangen um den Tisch gespielt, und als ich wegrennen wollte vor Kim, ist Kims Brotdose runtergefallen. Und ich bin aus Versehen drauf getreten.«

Du bist **Kim**:.

»Ich habe Jo gejagt und dann hat er meine Brotdose kaputtgemacht. Ich kriege jetzt Schimpfe von meinen Eltern. Das ist schon die zweite kaputte Dose.«

- **Rollenspiel: Kleingruppenarbeit an den Tischen**
  Die Streithelfer/innen kommen mit den Ablaufzetteln zu Jo und Kim. Es stehen 15 Minuten Zeit zur Verfügung, um den Konflikt zu lösen. Die Streithelfer/innen bieten Unterstützung an, indem sie auf die Einhaltung der Gesprächsregeln achten und vorlesen, was auf dem Arbeitszettel steht. Es ist günstig, wenn ein Trainer die Arbeit in den Kleingruppen begleitet. Wenn es zu größeren Stockungen oder starker Unruhe kommt, sollten Sie z.B. die Moderation unterstützen oder übernehmen.

- **Austausch im Sitzkreis:**
  Aus jeder Kleingruppe stellt »Jo« den Konflikt vor, und »Kim« berichtet, wie sie ihn gelöst haben. Dann berichten die Streithelfer/innen von ihrer Tätigkeit.

 Geschichte

 übernommen aus: Dörner et al. 1995.

Beenden Sie in dieser Sitzung die angefangene Geschichte. Eventuell müssen Sie dazu die Handlung mehrerer Kapitel zusammenfassen.

Japanisch Knobeln

übernommen aus: Portmann 1995, S. 113f.

Spielziel: Bewegung, Kooperation

Zwei Gruppen werden gebildet und stellen sich gegenüber an einer Mittellinie aus Kreppband auf. Es gibt drei Figuren, von denen sich jede Gruppe in geheimer Absprache eine aussucht, mit der sie gegen die andere Mannschaft antreten will. Dabei sind die Figuren in eine hierarchische Rangfolge gebracht. Der Löwe frisst das Mütterchen, das Mütterchen hat das Sagen über den Samurai (der ist nämlich ihr Sohn) und dieser erlegt wiederum den Löwen.

Bei einem bestimmten Signal (1-2-3), stellen die Gruppen – wie beim Knobeln – die von ihnen gewählte Figur an der Mittellinie pantomimisch dar. Dabei sollten sich die Darstellungen gut voneinander unterscheiden und »genormt« sein. Der Samurai kann mit einer aufrechten Haltung und einer Geste, mit der er ein fiktives Schwert in der Luft hält, dargestellt werden; das Mütterchen auf einen Stock gekrümmt und klappernd, mit der einen Hand einen Dutt symbolisierend; der Löwe, indem die Kinder ihren Mund (als Maul) weit aufreißen und mit den Händen seine Pranken andeuten. Die Gruppe, die die unterlegene Figur gewählt hat, muss sich so schnell wie möglich hinter die Spielfeldbegrenzung ihrer Seite retten. Die andere Mannschaft muss versuchen, die Flüchtenden vor der rettenden Linie zu erwischen. Gefangene von der anderen Seite werden in die eigene Mannschaft integriert, sodass das Spiel vorbei ist, wenn alle Mitglieder einer Gruppe zu der anderen übergewechselt sind. Sie können bei einem schnellen Ende erneut Gruppen bilden und einen zweiten Durchgang anbieten.

 Dieses Spiel hat sich als »der Renner« in unterschiedlichen Kindergruppen erwiesen.

Abschiedsrunde

- Die Kinder und Trainer/innen zeigen kurz mit dem Daumen ihre momentane Befindlichkeit an.
- Verteilung der Zertifikate[1] und der während des Streit-Trainings gemalten Bilder. Anschließend feierliches Anstoßen mit »Kindersekt«. Abschied nehmen. Wenn nicht schon während des Spiels, können Sie die mitgebrachte Musik der Kinder abspielen.

Der feierliche, von der Art des Rituals her schon fast »erwachsene« Abschied, gefiel den Kindern recht gut. Er ging aber viel schneller vorbei und war wesentlich turbulenter, als wir das erwartet hatten.

---

1 Die Teilnahme am Streit-Training kann auch als Bemerkung – ohne Bewertung – im Zeugnis erwähnt werden. Dadurch wird die Wichtigkeit des Trainings unterstrichen.

Arbeitsblatt für die 12. Trainingseinheit

Erster Schritt: Sichtweisen nacheinander austauschen

1. Erst sagt Kim seine/ihre Sichtweise und Jo wiederholt, was er/sie verstanden hat - danach andersrum!

Zweiter Schritt: Brainstorming oder »Gehirnsturm« zur Lösungssuche:

2. Euer Streithelfer schreibt alle **Lösungsvorschläge** von euch in diese leeren Zeilen. Das graue Feld ist erst später wichtig.

	Kim ja	Jo ja
	Kim ja	Jo ja
	Kim ja	Jo ja
	Kim ja	Jo ja
	Kim ja	Jo ja

Dritter Schritt: Eine Lösung gemeinsam aussuchen

3. Jetzt können Kim und Jo nacheinander die Vorschläge ankreuzen, die für sie in Ordnung sind.

4. Schaut zusammen nach, ob es einen Vorschlag gibt, der von beiden angekreuzt wurde.

5. Überprüft nun, ob er **fair für beide** ist und **in echt** geht. Kreuzt an:

Die Lösung ist fair für beide.   ja O   nein O

Man kann sie in echt machen.   ja O   nein O

6. Wenn ihr beides mit »ja« angekreuzt habt, habt ihr euch geeinigt.

Herzlichen Glückwunsch!!!

Zertifikat für _____

*Du hast am Streit-Training vom_____ bis zum_____ teilgenom-
men.*

Du bist nun ausgebildet,

- deine **Wut im Griff** zu haben. Dafür hast du verschiedene **Tricks** auf Lager: E-Formel, Wut wegzählen, an
was anderes denken, sich den anderen in Unterhose
vorstellen, in ein Kissen boxen und vieles mehr;
- **cool zu bleiben**, wenn du durch Beleidigungen und körperliche Anmache provoziert wirst. Dann kannst du
nach dem Grund fragen, weggehen, einen Witz machen,
dich dumm stellen oder sagen, dass du das nicht möch-
test;
- **mit Worten einzuschreiten**, indem du ruhig bleibst,
den Kindern sagst, dass du Gewalt nicht gut findest,
und versuchst, sie zu beruhigen. Dazu solltest du dir
auch Hilfe holen;
- deine **Konflikte** gemeinsam mit deinem Streitpartner
mit Worten zu lösen. Dazu kennst du die drei Schritte von Jim und Jane: Sichtweisen nacheinander austauschen, Lösungen sammeln, sich gemeinsam für eine
Lösung entscheiden.

Deine Streittrainer

Kapitel 8:
Vom Umgang mit Problemen

Wir möchten hier gesondert auf die Schwierigkeiten eingehen, mit denen wir während der praktischen Erprobung des Programms konfrontiert worden sind und die möglicherweise auch anderen Anwender/innen begegnen.

Über die Beschreibung der Probleme hinausgehend stellen wir einige Vorgehensweisen zu ihrer Bewältigung vor, die wir selbst während der Durchführung des Streit-Trainings ausprobieren konnten und nützlich fanden. Außerdem haben wir in der Literatur im Nachhinein nach eventuellen Lösungsansätzen gesucht, die wir jetzt in einer solchen Situation anwenden würden.

1. Freiwilligkeit oder die Sehnsucht nach dem Einmaleins

»Freiwilligkeit ist die Grundlage für die Arbeit an Beziehungen. Frieden ist ohne die Sehnsucht danach nicht möglich. Wir werden keine Wirksamkeit erwarten, wenn wir Schüler zur Gewaltprävention ›antreten‹ lassen.« (IPTS, AKJS & Nordelbisches Jugendpfarramt 1997, S. 13) Indem wir den Kindern nicht freistellten, am Streit-Training teilzunehmen, kamen wir dieser Forderung mit unserem Trainingsprogramm nicht nach. Da uns die Aussage allerdings einleuchtete, sahen wir die mangelnde Freiwilligkeit als ein Problem an, weshalb wir diesen Aspekt in diesem Kapitel erörtern.

Dass ein solches Training auch Spaß machen sollte, weil sich so besser und motivierter lernen lässt, haben wir bereits dargelegt. Der verpflichtende Rahmen schließt unserer Erfahrung nach die Freude an den Inhalten und Methoden nicht aus.

Da das Training in der Unterrichtszeit stattfindet, könnte man den Kindern, auf Grund der grundsätzlichen Schulpflicht, nur die Wahl zwischen einer Teilnahme am Training oder am herkömmlichen Unterricht lassen. Es handelt sich also um eine Pseudo-Freiwilligkeit, weil ein »Ja« zum Training genauso als ein »Nein« zum Unterricht verstanden werden könnte. Eine bewusste Entscheidung für das Training, weil sie die Inhalte im Voraus als nützlich einschätzen, werden die Kinder unserer Vermutung nach selten treffen. In Bezug auf Interaktionsspiele, für die das Kriterium »Freiwilligkeit« gelten soll, schreibt Geißler (1998):

»Aber wer, so der kritische Transfer dieses Kriteriums auf die Lehr-/Lernsituation, ist schon ganz freiwillig dort [Anmerkung der Verfasser/innen: in der Schule]? Wer nimmt wirklich ganz freiwillig an den von Lehrern, von Dozentinnen vorgeschlagenen ›Spielen‹ teil?« (S. 30) Auch auf unseren Zusammenhang sind diese Zweifel übertragbar. Es bliebe also, das Training nachmittags anzubieten: z.B. als eine freiwillige AG.

Sicherlich würde die Tatsache, dass die Kinder freiwillig zum Training kommen, die Durchführung des Trainings erheblich erleichtern: Kinder, die aus eigenem Antrieb durch Interesse an der Sache (intrinsische Motivation) an den Einheiten teilnehmen, würden wahrscheinlich nicht so häufig durch Regelbrüche (s. unten) auffallen.

Doch so verlockend diese Aussicht sein mag, würden dann nicht gerade die, die es nötig haben, »auf der Strecke bleiben«? Die Ergebnisse der schriftlichen Befragung stützen eine solche Annahme.

Auch im Sinne des von uns groß geschriebenen Mit- und Voneinanderlernens ist Freiwilligkeit nicht unbedingt ein förderndes Kriterium: Hätten die Kinder die Motivation aufgebracht, in ihrer Freizeit an einem Training teilzunehmen, um etwas zu lernen, von dem sie ausgehen, es bereits zu können? – Einige Kinder, denen das Training sehr gut gefallen hat, die also inhaltlich hinter dem Training standen, wären nachmittags nicht zum Training gekommen. Wir vermuten, dass sie andere Verpflichtungen bzw. Vergnügungen dem Training vorgezogen hätten. Auf ihre Ressourcen hätten wir also verzichten müssen.

Eine Kultur konstruktiver Konfliktbewältigung kann nur dadurch gefördert werden, wenn sich alle mit diesem Thema auseinander setzen. Ein Training, das im Rahmen der allgemeinen Schulpflicht (wie Lesen, Schreiben und Rechnen) stattfindet, kann die Wahlfreiheit erhöhen, indem man allen ermöglicht, konstruktive Handlungsformen zumindest kennen zu lernen.

Auch wenn es so ist, dass man Dinge, die man freiwillig tut, lieber und vielleicht auch schneller lernt, so bleibt auch von dem »etwas hängen«, wozu man zu lernen verpflichtet wurde.

Wer könnte schon behaupten, sich in seiner Kindheit freiwillig dem kleinen Einmaleins ausgesetzt zu haben?

2. Wie setzt man die Regeln durch und schützt den Trainingsrahmen?

Im Zusammenhang mit den Gruppenregeln und der Abmachung, wie wir in der Gruppe miteinander umgehen wollen, kam es in Bezug auf die Einhaltung der gemeinsam vereinbarten Regeln häufig zu Disziplinproblemen. Diesen Umstand finden wir nicht verwunderlich, denn es ging ja in unserem Fall darum, mit Kindern zu arbeiten, denen im sozialen Umgang miteinander Defizite nachgesagt werden, auf Grund derer wir als Trainer/innen schließlich an die Schule gekommen sind.

Im Verlauf des ganzen Trainings gehörte es verstärkt zu unseren Aufgaben, Grenzen zu setzen. Wir sind daher zu der Überzeugung gelangt, dass die Regeln den Kindern zwar bekannt sind, sie diese jedoch nicht internalisiert haben und wir diesen Prozess der Übernahme der Regeln in das Verhaltensrepertoire der Kinder ebenso durch Übung fördern müssen wie den

Aufbau von Verhaltensalternativen für die gewaltfreie Regelung ihrer Konflikte. Wir glauben, dass die Einhaltung von Fairnessnormen für das Verhalten in Konflikten auf dem gleichen Prinzip beruht wie bei der Regeleinhaltung. Unserer Ansicht nach müssen gewisse konsensuale Regeln eingehalten werden, die den Raum für die persönliche Freiheit jedes Einzelnen gewähren und festlegen. Im Sinne des Grenzaxioms von Cohn (1997, S. 120), welches besagt, dass die persönliche Freiheit nicht ohne das Errichten gewisser Grenzen zu realisieren ist, haben wir an dieser Stelle Vorschläge für Maßnahmen versammelt, die wir angewendet haben, um den Kindern die Einhaltung der Regeln zu erleichtern.

2.1 Regeln mit den Kindern gemeinsam erarbeiten

In der Urversion unseres Programms haben wir die Umgangsregeln nicht mit den Kindern zusammen erarbeitet. Wir hatten folgende vier Regeln »im Gepäck«:

»Ich sage, wenn mich etwas stört.«

»Ich behalte unsere Geheimnisse für mich.«

»Ich höre zu, wenn jemand etwas erzählt.«

»Ich gehe mit den anderen freundlich um.«

Abbildung 18: Bilder zu den Umgangsregeln

Die »**Geheimnisregel**« sollte die Vertraulichkeit des in der Gruppe Besprochenen gewähren.[01]

Wir haben mit den Kindern erörtert, dass die Einschränkung durch diese Regeln nur zum Schutz der Gruppenatmosphäre besteht und dass es uns darum geht zu vermeiden, dass man als Gruppenmitglied ein Opfer von »Tratschgeschichten« wird.

Da aber die Gefahr bestehen kann, dass diese Regel die Kinder dazu anhält, ihnen widerfahrene Drohungen oder sogar Traumata (wie z.B. Missbrauchserlebnisse) für sich zu behalten, haben wir nach einem Vorschlag von Hagedorn (1994) mit den Kindern geklärt, dass es uns nicht um das Zurückhalten »gefährlicher Geheimnisse« (S. 49) geht, deren Geheimhaltung ihnen von Drittpersonen auferlegt wurde.

Die »**Störungsregel**« sollte die Kinder dazu anhalten, dass sie auf ihre eigenen Gefühle im Zusammenhang mit Geschehnissen in der Gruppe Acht zu geben lernen. Gerade in Bezug auf das Lernziel der Selbstbehauptung war es uns wichtig, dass die Kinder sich trauten, ihre Meinung oder die Art ihrer Betroffenheit zu äußern. Sie konnten über den Weg dieses Angebots lernen, Sachverhalte aus ihrer Perspektive darzustellen und hatten ein praktisches Übungsfeld, in »echten« Situationen (des Gruppenlebens) das Formulieren von Wünschen und Ich-Botschaften zu üben.

Diese aus der von Cohn (1997) entwickelten Methode der Themenzentrierten Interaktion entnommene Regel soll Beeinträchtigungen für die Gruppenarbeit möglichst gering halten und bietet durch die Schaffung einer ritualisierten Form die Möglichkeit, Störungen anzusprechen. Im Sinne unserer Absicht, auch die Selbstbehauptungsfähigkeit der Kinder zu fördern und ihnen die Zusammenhänge nachvollziehbar zu machen, die zwischen dem Gruppengefühl und den durch Regelbrüche – oder auf anderen Wegen – verursachten Störungen bestehen, halten wir die Einführung dieser Regel für sinnvoll. »Werden sie übergangen oder unterdrückt, so eröffnen sich meistens weitere Störungsquellen. Außerdem haben sie oft einen Grund, der bedeutsam für die weitere Zusammenarbeit ist.« (Dauscher 1998, S. 34)

Auf unser Angebot, dass sie noch eigene Regeln zum Umgang miteinander zusätzlich einbringen sollten, konnten die Kinder allerdings in der Kürze der Zeit in keiner Gruppe mit Vorschlägen reagieren. Wir hatten dadurch das Gefühl, die Kinder »überrumpelt« zu haben, und empfanden unser Angebot im Nachhinein als fadenscheinig.

Auf Grund der häufigen Disziplinprobleme haben wir im Verlauf des Trainings den Eindruck gewonnen, dass viele Kinder die Regeln trotz weit reichender Erklärungen nur als Einschränkung erlebten und es ihnen nicht möglich war, sie als notwendige Übereinkünfte für die Organisation der Gruppenarbeit zu sehen.

Um diesen Umstand zu mildern, scheint uns der gemeinsame Beschluss über einen Umgangsvertrag mit den Kindern eine Möglichkeit zu sein, den Sinn der Regeln besser zu verinnerlichen und infolgedessen eine höhere Akzeptanz für den Trainingsrahmen bei ihnen zu erreichen.

Wir haben daher die erste Trainingseinheit dahingehend verändert, dass mit den Kindern ein Umgangsvertrag erarbeitet wird, den sie von Anfang an selbst mit gestalten, diskutieren und beschließen. »Regeln beziehen sich immer auf die jeweilige Gruppe. Sie sind nicht allgemein gültig vorher festzulegen.« (Dauscher 1998, S. 78)

Wir glauben, dass die Kinder die Regeln durch eine wirkliche Partizipation bei der Gestaltung des Gruppenrahmens besser akzeptieren können, wenn sie erkennen, dass diese Regeln ihre Beschlüsse widerspiegeln. Auch in Bezug auf unsere Ziele, die Kinder als Experten ernst zu nehmen und bei ihnen eigenverantwortliches Handeln zu stärken, empfinden wir es als passend und konsequent, sie aufrichtig an der Gestaltung des Rahmens zu beteiligen.

Die Vorteile solcher Verträge bestehen darin, dass die Beteiligten beginnen, »ihr eigenes Interesse und ihren Teil an Verantwortung für den Prozess zu klären und wahrzunehmen. Er fördert bei den Klienten, Schülerinnen, Mitarbeitern das Bewusstsein, sich als Subjekte zu erleben und die eigene Kompetenz zu entfalten.« (Gührs / Nowak 1991, S. 35)

Ein solches Vorgehen wird auch von Langer (1994) befürwortet.

Jugendliche brauchen in ihrer Umgebung erkennbare Ordnungen, Strukturen, Regeln, an denen Orientieren möglich ist. Solche klaren und zuverlässigen Rahmen sind nicht nur wertvoll, weil sie dem Einzelnen Grenzen und Freiräume sichtbar machen; schon der Weg dahin kann als Möglichkeit genutzt werden, Gemeinschaft und Verbundenheit zu vermitteln, wenn die Ordnung, die für alle Beteiligten gilt, auch von allen Beteiligten gemeinsam und auf demokratische Weise geschaffen wird. Die Kinder und Jugendlichen übernehmen mit den Erwachsenen die Verantwortung für gemeinsame Entscheidungen; alle Partner solcher Abkommen sind gleichberechtigt bezüglich der Rechte und Pflichten, die die Regelungen beinhalten (S. 171).

---

1 Außerdem wäre diese Kompetenz auch für spätere Ausbildungen z.B. zu Streitschlichtern von Vorteil, wo über die Beratungssituation hinaus ein vertraulicher Umgang mit Inhalten aus Schlichtungsgesprächen gewahrt werden muss.

Wie das Erarbeiten der Regeln genau vonstatten geht, wird in der Beschreibung der ersten Einheit ersichtlich. Wenn die Kinder, Trainer/innen und Lehrer/innen sich für bestimmte Regeln entschieden haben, halten wir es für sinnvoll, alle Beteiligten auf der Regelwand unterschreiben zu lassen, dass sie sich an diese Regeln halten werden. Damit ist dann der Vertrag über die Regeln geschlossen. Durch diesen »gewichtigen« Abschluss wird verdeutlicht, dass es sich um einen ernst gemeinten Vertrag handelt. Dieses Vorgehen wird von manchen Moderatoren in der Gruppenarbeit angewendet und soll sich für die Arbeit mit Kindergruppen besonders eignen (vgl. Pölert-Klassen 1997, S. 64).

Auch wir haben mit diesem »Abschluss-Akt« in unseren Trainingsgruppen gute Erfahrungen gemacht, da der Vorgang, dass jeder Einzelne die Regeln akzeptiert, durch die Unterschriften sichtbar wird und sich alle zu jeder Zeit auf die »offensichtliche« Abmachung berufen können. Unserem Eindruck nach kann das Erwähnen der Unterschrift in manchen Krisensituationen die Autorität des Trainers wieder herstellen.

Durch diese Antworten fühlen wir uns bestätigt, gemeinsam mit den Gruppen die Regeln in Form eines Umgangsvertrags auszuhandeln. Wir erwarten uns von diesem Vorgehen einen großen Nutzen, der sich auf das Arbeitsklima und auf die Zufriedenheit der Kinder auswirken könnte, weil wir aus diesen Aussagen schließen, dass die Kinder sich einbezogen und in ihren Interessen ernster genommen fühlen.

Wir sind der Ansicht, dass in Bezug auf die Befürchtungen beim Erstellen eines Umgangsvertrags sorgfältig darauf geachtet werden muss, die Interessen der eher stilleren Kinder auch zu berücksichtigen, wenn von ausdrucksstärkeren Kindern versucht wird, auf die Regelsuche stärkeren Einfluss zu nehmen. Es sollte dann darauf geachtet werden, dass deren Interessen nicht überrepräsentiert vertreten sind. Da es durch diese erhöhte Achtsamkeit der Trainer/innen weniger wahrscheinlich zu Ungerechtigkeiten bei der Umsetzung kommen kann, halten wir das gemeinsame Erstellen der Umgangsregeln unter Berücksichtigung dieser Vorsichtsmaßnahme für tragbar.

 Im Kinder-Interview haben wir die Schüler/innen um eine Einschätzung gebeten, ob sie gemeinsam erarbeitete Regeln befürworten würden. »Wie hättest du es gefunden, wenn wir die Regeln in der ersten Stunde zusammen gemacht hätten?«

Insgesamt 23, also zwei Drittel der Kinder, hätten den gemeinsamen Beschluss der Regeln gut oder sogar besser gefunden. Von den verbleibenden zehn Kindern enthielt sich eines der Antwort, und vier Kinder gaben an, dass es ihnen gleichgültig sei.

Zwei der Kinder, die beide Vorgehensweisen gleich gut gefunden hätten, gaben begründend als Vorteile der gemeinsam erarbeiteten Regeln an, dass man »dann auch besser Bescheid wissen« würde. Ein andere Junge erklärte, dass die Kinder »sich … (da) was ausdenken (können), dann finden sie das gerecht«.

Nur fünf Kinder, davon vier Mädchen, sprachen sich explizit gegen gemeinsam beschlossene Regeln aus. Zwei Mädchen hegten die Befürchtung, dass es zu schwer sein könnte, alle Regeln allein zu machen, und sich deshalb »die Erwachsenen … die Regeln ausdenken (sollen)«. Die restlichen drei Kinder sahen ein Problem darin, dass die Jungen »gegen die Regeln der Mädchen … protestiert (hätten)«.

17 der 23 Kinder, die zusammen erstellte Regeln befürworteten, begründeten sogar ihre Einschätzungen. Diese Aussagen lassen sich in drei Kategorien zusammenfassen:

- **Der gemeinsame Beschluss ist ein Wert an sich:** Vier Kinder fanden den gemeinsamen Prozess als solchen wünschenswert, »weil die Kinder auch mitmachen wollen«, »auch ein bisschen was zu sagen haben« und es »Spaß macht, selber darüber nachzudenken, was für Regeln gut sind«. Für fünf andere Kinder stand die gemeinsame Aktion in der Gruppe im Vordergrund, »weil alle dabei sind«, oder »es doch gut ist, wenn wir es zusammen machen, weil wir doch eine Gruppe sind«, und »es schöner ist, … die zusammen … zu besprechen«, weil »vielleicht … ein paar nicht mit der Regel einverstanden (sind)«.

- **Das Lernen und Behalten der Regeln klappt besser:** Fünf Kinder meinen, dass die Regeln besser zu behalten bzw. zu verstehen wären. Zwei Jungen glaubten, dass die Kinder dann auch nicht so viel gestört hätten. Der eine sagte wörtlich: »Wenn ich Regeln selbst ausdenke, muss ich mich auch daran halten.« Ein Mädchen meinte, dass »man nicht drauf hört, wenn die Trainer sie mitbringen«.

- Wir hatten noch neun der 17 Kinder, die die Eingangsfrage bejahten, spontan die Zusatzfrage gestellt, ob sie glaubten, dass sie sich besser an die selbst gemachten Regeln hätten halten können, wovon sieben Kinder die Frage positiv beantworteten.

2.2 Zusätzliche Etablierungshilfen für die Regeln

Um den Kindern die Übernahme der Regeln zu erleichtern, möchten wir an dieser Stelle zwei zusätzliche Vorgehensweisen vorstellen, die wir in der vorliegenden Version des Streit-Trainings nicht mehr in den Einheiten berücksichtigt haben. Diese Vorgehensweisen sind zu Gunsten eines anderen Ziels als der Regeleinübung, nämlich der Transferförderung, gestrichen worden. Wenn sich allerdings die Klärung des Regelproblems als vordringlich erweist, können die Trainer/innen auf zwei von uns bereits ausprobierte Methoden zurückgreifen, die die Gewöhnung an die Regeln erleichtern sollen.

Bei der »**Regel des Tages**« geht es darum, dass die Kinder in der Anfangsrunde eine der Gruppenregeln mehrheitlich auswählen, auf deren eigene Einhaltung jedes Kind für sich im Verlauf der Einheit vordringlich achten soll, wobei die anderen Regeln natürlich weiterhin gelten und nicht ausgesetzt werden.

Mit dieser Maßnahme wird an die Kinder appelliert, Selbstkontrolle zu üben. Es muss von den Trainer/innen schon früh geklärt werden, dass die Kinder sich nicht gegenseitig die Regelübertritte nachzuweisen versuchen.

Eine Möglichkeit zur praktischen Umsetzung stellt die Punktwahl dar (s. S. 20).

Auch das Ritual des »**Regelbogens**«[1] nimmt Bezug auf die Umgangsregeln. Die Kinder erhalten in der Abschlussrunde einen Zettel, auf dem sie rückschauend für jede der Regeln eine Selbsteinschätzung dazu abgeben, wie ihnen die Einhaltung im Verlauf der Einheit gelungen ist. Es gibt jeweils ein Piktogramm für die vier Einschätzungsstufen »sehr gut«, »gut«, »nicht so gut«, »nicht gut«.

Die Kinder geben noch zusätzlich über die Vergabe eines »Smileys« an, wie ihnen die Einheit allgemein gefallen hat. Diese globale Einschätzung kann den Trainer/innen als kurzes Feedback dienen.

Wir waren bei einigen Kindern sehr erstaunt, wie selbstkritisch sie ihr Verhalten sahen und wie nahe ihre Selbsteinschätzungen unseren eigenen Beurteilungen kamen. Sicher gab es auch extrem geschönte und nicht ernsthaft ausgefüllte Bögen. Die Grundhaltung der meisten Kinder beim Ausfüllen ließ jedoch erkennen, dass es sich bei der Einschätzung für sie nicht um einen »Jux« handelte.

Der Bogen sollte das Ziel verfolgen, Beobachtungen des eigenen Verhaltens anzuregen, um allgemein Veränderungen und speziell Verbesserungen der eigenen Einhaltung der Regeln wahrnehmen zu lernen. Durch diese konkrete Anleitung zum sog. »self-monitoring« hofften

wir, die Kinder zur Reflexion ihres Verhaltens anzuregen und sie in Bezug auf die Einhaltung der Regeln zu der Übernahme von mehr Eigenverantwortung anzuleiten.

Wir würden den zusätzlichen Einsatz des Regelbogens zum Trainingsbogen nicht empfehlen, weil die Kinder dann unserem Gefühl nach zu viel »Papierkram« zu erledigen hätten. Nur in dem Fall, wenn die Regeleinhaltung das vordringliche Problem darstellt, würden wir den Trainingsbogen zur Transferverbesserung durch den Regelbogen ersetzen.

2.3 Zur Regeldurchsetzung: Schiedsrichterkarten

In diesem Abschnitt möchten wir darauf eingehen, mit welchen Konsequenzen die Kinder bei wiederholten Regelverletzungen zu rechnen hatten. Wir konfrontierten sie mit einem »Karten-Feedback-System«, um ihnen sogleich Rückmeldung dazu zu geben, welche konkreten Verhaltensweisen wir als Trainer/innen störend für die gemeinsame Arbeit fanden und als Regelübertritt werteten. Es sollte mit dieser Maßnahme Transparenz geschaffen werden, um welche Verhaltensweisen es sich dabei genau handelte.

Zur Veranschaulichung erhielten störende Kinder zuerst eine Verwarnung, die lediglich von uns ausgesprochen wurde und einen kurzen Hinweis darstellte, welche Regel gerade übertreten worden war.

Bei weiteren Störungen, auch durch Übertritte einer anderen Regel, wie bspw. der »Zuhör-Regel«, folgte dann im zweiten Fall die »Gelbe Karte«. Diese Karte wurde dann mit dem Namen des Kindes versehen, das sich nicht an die Regel gehalten hatte, und an die Pinnwand mit den Regeln geheftet. Auf diese Weise konnten sich Kinder wie Trainer/innen zu jeder Zeit vom momentanen Karten-Stand überzeugen.

Für den weiteren Verlauf gab es noch eine Verwarnungsmöglichkeit nach der »Gelben Karte«, die wir durch einen Strich auf der Karte kennzeichneten, bevor die »Rote Karte« zum Einsatz kommen musste. Ihr Erhalt bedeutete, dass das Kind von uns für die verbliebene Zeit der jeweiligen Einheit zurück in den Unterricht geschickt wurde.

Der Umgang mit den Sanktionierungsmaßnahmen bei Regelübertritten ist uns sehr schwer gefallen. Wir nehmen im Zusammenhang mit den Grundsätzen der Humanistischen Psychologie eine große Diskrepanz wahr zu unserem sanktionierenden Verhalten über Bestrafungsmechanismen. Außerdem nahm uns das Ahnden der Verstöße einen zu großen Raum ein. Wir stehen hier unserem eigenen Verhalten skeptisch gegenüber, haben aber für dieses Dilemma keine in der Praxis des Streit-Trainings umsetzbare Lösung gefunden. Wenn das bereits beschriebene Vorgehen jedoch angewendet werden soll, möchten wir hier noch einmal gesondert darauf hinwei-

---

1 Der Regelbogen findet sich im Anhang als Kopiervorlage.

sen, dass den Kindern immer eine Begründung für die Verwarnungen gegeben werden sollte, damit sie lernen können, auf welches konkrete Verhalten sich das Etikett »Regelverstoß« bezieht.

Ein Mädchen kam in Bezug auf die Ahndung von Regelübertritten zu der folgenden Einschätzung: »Man soll die Regeln etwas streng machen, aber nicht zu streng, damit solche wie Malte nicht sooo genervt hätten … ihr hättet etwas strenger sein können.« Wir glauben daher, dass einige Kinder auch in Bezug auf die Regelahndung die Notwendigkeit einer solchen Maßnahme einsehen.

2.4 Sitzungsabbruch

Wir möchten im Zusammenhang mit den Regeln und ihrer Durchsetzung noch darauf hinweisen, dass der Abbruch einer Sitzung durchaus eine Möglichkeit darstellt, die den Kindern verdeutlichen kann, dass die Arbeit in der Gruppe nur funktioniert, wenn alle Beteiligten zusammenarbeiten. Dazu gehört auch das Einhalten der gemeinsamen Regeln und ständige Verstöße verunmöglichen die Durchführung des Trainings.

Wenn man als Trainer nun dieser Art Appelle müde wird, weil viele Kinder keine Bereitschaft mehr zeigen, sich an die Regeln zu halten, und infolgedessen die Regel-Pinnwand langsam aber sicher mit vielen Gelben und einzelnen Roten Karten zugehängt wird, sollte man einen Abbruch der Sitzung in Erwägung ziehen.

Wir haben in einer unserer vier »Erprobungsgruppen« zu dieser ultimativen Maßnahme gegriffen, als es uns »zu viel« wurde. In der nächsten Einheit wurden als Folge des Abbruchs im Falle von Regelverstößen vermehrt Stimmen einzelner Kinder aus der Gruppe laut, die an die regelübertretenden Kinder appellierten, besser aufzupassen. Diese Aufforderungen gab es auch schon manchmal vor dem Abbruch. Neu war zu diesem Zeitpunkt, dass einige Kinder den Wert, den das Streit-Training für sie hatte, indirekt darüber formulierten, dass sie die störenden Kinder mit den Konsequenzen der Übertritte konfrontierten. Sie mahnten an, dass das Training wieder auszufallen drohe. Da es diese Tendenzen aber auch schon vorher gab, möchten wir sie nicht kausal mit dem Abbruch in Beziehung setzen.

Abbrüche sollten also nicht von vornherein tabuisiert und tunlichst vermieden werden, sondern durchaus als letzte Konsequenz in Betracht gezogen werden.

2.5 Gespräche mit störenden Kindern

Um von den Kindern die Gründe für ihr problematisches Verhalten im Zusammenhang mit dem Streit-Training zu erfahren, haben wir in einigen Fällen Einzelgespräche geführt, in denen wir die individuellen Sichtweisen der Kinder über ihre Probleme kennen lernen wollten.

Uns interessierte dabei, was sie an uns oder am Training selbst stören könnte, sodass sie nicht »mit im Boot« sein konnten, sich nicht an die Regeln hielten.

»Durch direktes Ansprechen und Fragen kann dann wieder Klarheit entstehen … Zuhören und Fragen sind überhaupt sehr geeignet, wenn es darum geht, als Bezugsperson die Balance zu halten zwischen Freiräume-Ermöglichen und Grenzen-Setzen, zwischen Einbinden und Loslassen von Kindern.« (Langer 1994, S. 174)

Zu den Gesprächsanlässen gehörten nicht nur Regelverstöße, sondern auch in selteneren Fällen die Klärung von Rückzugs-Verhaltensweisen[1], die einige Kinder an den Tag legten.

Den Leitfaden, den wir als Grundlage unserer Gespräche zusammengestellt haben, möchten wir hier vorstellen. Es geht uns darum, Praktiker/innen eine Anregung zu geben, wie solche Gespräche in der Praxis geführt werden können, nicht um eine wissenschaftliche Begründung unserer pädagogischen Vorgehensweise.

Die Gesprächssituation haben wir so gestaltet, dass sich nur ein Trainer mit einem Kind zusammensetzt. Selten überschritt die Dauer eines Treffens zehn Minuten. Die Gespräche fanden entweder in einer gemütlichen Ecke des Schulhofs oder der Aula statt. Wir haben uns mit den Kindern nach der Pause verabredet, sodass sie nach dem Gespräch direkt zurück in den Unterricht gehen konnten, ohne den Mitschüler/innen gleich Auskunft auf die »bohrenden W-Fragen« geben zu müssen. Das Vorgehen haben wir vorher mit den betroffenen Lehrer/innen abgesprochen und ihnen im Anschluss daran kurz vom Ergebnis der Unterhaltung berichtet; im Sinne der Vertraulichkeit jedoch nicht vom genauen Verlauf und von den mit den Kindern getroffenen »geheimen« Vereinbarungen.

- **Den Gesprächsanlass beschreiben.** Wir nennen den Kindern zuerst den Grund, warum wir mit ihnen sprechen wollen, und stellen dann unsere Sichtweise dar. Ziel ist es, klarzustellen, um was es uns genau geht, also das Thema zu umreißen.
- **Die Kompetenzen erwähnen.** Daraufhin teilen wir den Kindern aber auch ihre von uns wahrgenommenen Kompetenzen und positiven Eigenschaften mit, die wir an ihnen schätzen. Wir wollen ihnen damit klarmachen, dass wir sie nicht nur im Licht ihrer Defizite sehen. Wir erwarten, dass bei ihnen dadurch das Gefühl, sich in die Ecke gedrängt zu fühlen, gemildert wird.

---

1 Die Kinder fühlten sich die ganze Einheit über »krank« oder »übel« und »klinkten« sich aus dem Gruppengeschehen aus. Sie äußerten jedoch keine Gründe für ihr Verhalten.

- **Den Wert darstellen.** Wir setzen die Kompetenzen der Kinder mit der Gruppe in Beziehung und verdeutlichen ihnen den Wert ihrer Ideen und Fertigkeiten für das gemeinsame Finden neuer Streitlösungen. Wir hoffen, dass dieses sonst zu selten ausgesprochene Lob ihrem Selbstwertgefühl gut tut und ihnen auch einmal Bestätigung durch uns gibt.

- **Die Gründe erheben.** Als Nächstes »stoßen« wir zum Kern der Angelegenheit vor, um genau zu erfahren, was der Grund für die Störungen oder Regelverletzungen oder das »Abschalten« und »Ausklinken« sein könnte. Die Kinder sind also jetzt an der Reihe, ihre Sichtweise zu erzählen, und es ist wichtig, ihnen echtes Interesse entgegenzubringen.

  Manchmal ist es jedoch schwierig für die Kinder, ihre Lage mitzuteilen. Auf einen Auslösereiz (ein unerwünschtes Verhalten des Kindes in der Trainingssituation) erfolgt meist prompt die Aufforderung eines Trainers an das Kind, dies zu unterlassen oder etwas anderes zu tun. Um diesen Automatismus zu unterbrechen, können die Trainer die Kinder im Gespräch unterstützen, dass sie ihnen einen eigenen Entscheidungsspielraum gewähren. Der könnte z.B. im Falle von Kindern, die die Teilnahme an den Übungen verweigern, aber sich gleichzeitig wünschen, anwesend zu sein, dadurch aufgetan werden, dass man sie fragt, ob man sie weiter auffordern soll mitzumachen oder ob sie sich wünschen, dass man damit aufhört. So erhalten sie eine Wahlfreiheit, durch die sie zu einer eigenverantwortlichen Entscheidung in dieser Frage geführt werden.

  Eine andere Vorgehensweise, wenn das Kind keine Worte findet, könnte ein »Schuss ins Dunkle« sein, der auch ins Schwarze treffen kann. Erzählen Sie als Trainer von Kindern, »die manchmal so eine Vorstellung haben, dass …, und deshalb machen die dann so etwas, wie …, und haben vielleicht ein wenig Angst vor … «.

- **Den Eigenanteil klären.** Wir fragen die Kinder, nachdem sie ihre Darstellung der Situation gegeben haben, ob sie auch etwas an <u>uns</u> nervt, das wir anders machen sollen. Dadurch möchten wir ihnen signalisieren, dass wir auch unseren Beitrag zu einer Veränderung der gestörten Beziehung leisten wollen und diskussionsbereit sind, was unser Verhalten betrifft. Man kann die Kinder auch fragen, ob sie eine Idee dazu haben, was man als Trainer/innen statt der bisherigen Reaktionen machen könnte.

- **Eine Abmachung treffen.** An dieser Stelle treffen wir mit den Kindern oft eine Vereinbarung, wie wir uns als Konfliktparteien künftig in Problemsituationen verhalten wollen. Wir bieten den Kindern eine geheime, oft nonverbale Kommunikationsform an, die z.B. über ein Augenzwinkern im Training unauffällig an unsere Vereinbarung aus dem Gespräch erinnern soll. Auf diese Weise können wir darauf verzichten, tadelnde Worte in der Problemsituation zu verlieren, die unserer Einschätzung nach auch stärkere Widerstände hervorrufen.

- **Ansprechbarkeit signalisieren.** Wir bieten den Kindern zum Schluss an, dass sie zu uns kommen können, wenn sie über das gleiche Thema oder andere Probleme erneut etwas sagen oder hören wollen. Wir haben das Ziel, mit diesem Angebot die Einladung auszusprechen, dass der entstandene Kontakt nach dem Gespräch weiter bestehen kann, wenn die Kinder es wünschen.

Wir möchten zu dem Punkt, wie die Trainer/innen die Beziehung zu Kindern mit problematischen Verhaltensweisen verändern können, noch auf ein Buch hinweisen, das unserer Ansicht nach einen interessanten Ansatz für das Verändern von Problemsituationen bietet. Kurz gesagt handelt es sich um die Übertragung des ökosystemischen Ansatzes auf die Verhaltensprobleme von Schülern (Molnar/Lindquist 1992). Es geht darum, wie sich Lösungsstrategien daraus ergeben, die Probleme der Kinder im Zusammenhang mit der jeweiligen Situation und den Kommunikationspartnern, also in unserem Falle mit uns als den Trainer/innen, wahrzunehmen. Weiterhin wird erklärt, auf welche Weise man indirekt auf die problematische Situation – über den Weg einer eigenen Verhaltensveränderung – auch auf das Verhalten des Kindes verändernd einwirken kann, das schließlich während der Interaktion auch auf einen selbst als Bezugspunkt der Kommunikation reagiert.

2.6 Und woran Sie sich auch noch gewöhnen …

Nicht nur im Zusammenhang mit den Rollenspielen kam es manchmal zu einer Art »Kraftmeierei«, die vornehmlich von den Jungen ausging. Begrüßungen und Intermezzi als »coole« Catcher, einige mit Maschinengewehrsalven gespickte Rollenspiellösungen und ab und an ein gespielter Todesfall begleiteten uns durch die Einheiten des Streit-Trainings. Es gab bewunderungsheischende Aussagen, in denen die Jungen stolz verkündeten, dass sie sich in der Freizeit geschlagen hätten.

Wir fürchteten anfangs auf Grund dieser Darstellungen und einiger provozierender Statements, dass wir mit dem Wert der Gewaltfreiheit bei den Kindern nicht angekommen seien.

Mittlerweile stehen wir diesem Phänomen wesentlich gelassener gegenüber. Auch Büttner (1995) beschreibt einen sog. »Johleffekt«, der bei älteren Kindern beobachtbar sei, wenn Gewaltszenen in durchaus ernsten Dokumentationsfilmen vorkommen.

Wir haben für uns einen Umgang gefunden, diesen »Ausfällen« der Kinder eher mit Humor als mit Entsetzen zu begegnen. Ebenso wie Büttner denken wir, dass der »Geltungsdrang und die Gelegenheit zum Zeigen von Mut positiv aufgenommen werden können« (ebd., S. 46).

Wir haben in solchen Fällen den Kindern den Spaß gelassen und haben, wenn möglich, noch eine Bemerkung zu ihren damit verbundenen Qualitäten gemacht, z.B. dass sie sportlich seien oder durch ihren »plötzlichen« Breakdance gut ihre Wut »herauslassen« können. Diese Kommentierungen müssen aber ernst gemeint sein.[01]

Wir kehrten dann relativ zügig wieder zur Aufgabe zurück. Auf diese Weise umgingen wir das Problem, dass »coole« Auftritte im Streit-Training zu viel Aufmerksamkeit erhielten.

3. »Mit dir spiele ich nicht« – Aufteilung in Kleingruppen

Wir haben die Erfahrung gemacht, dass es nicht möglich war, die Kinder »mal eben kurz« in Paare oder Kleingruppen einzuteilen bzw. ihnen das selbst zu überlassen. Der eine wollte nicht mit einem Mädchen spielen, während Sonja und Canan – sonst gute Freundinnen – gerade im Clinch lagen. Oder keiner wollte mit Sinan zusammen eine Gruppe bilden, »weil er immer so wild ist«. Kurzum: Das Aufteilen beanspruchte in unserer Praxiserprobung meistens viel Zeit und eine Klärung verlief mühsam.

Auf diese Situation haben wir zum einen mit einer Gruppenregel reagiert, die wir in Bezug zu der Regel »Ich bin freundlich zu den anderen« setzten: »Ich spiele hier mit jedem Kind.« Das heißt, alle machen die Spiele mit, egal mit wem. Diese Regel widersprach allerdings in gewisser Weise der Störungsregel (»Ich sage, was mich stört.«). Um die beiden Regeln voneinander abzugrenzen, war es uns wichtig, dass das Kind die Störung nennt und

nicht einfach nur sagt: »Mit dem will ich nicht.« Zudem kann man das Kind dazu veranlassen, dem anderen einen Tipp zu geben, was es anders machen könnte.

Wir haben versucht, folgendermaßen mit diesem durchaus bestehenden Dilemma umzugehen: Bei Spielen, die Vertrauen auf beiden Seiten erfordern, nahmen wir Störungen sehr ernst. In diesem Fall hielten wir es wie Walker: »Wenn die ... Übung Vertrauen verlangt, sollten sich die Kinder selbst ihre Partnerin aussuchen können.« (1998a, S. 49) Oft war es allerdings müßig, für ein schnelles Bewegungsspiel oder eine kurze Vorbereitung noch einmal dieselbe Zeit für die Bildung von Kleingruppen zu veranschlagen: Für solche Fälle galt die oben genannte Regel, da es in einer Zwangsgemeinschaft, die eine Klasse nun einmal darstellt, möglich sein sollte, in einem umrissenen Rahmen und Zeitraum miteinander auszukommen. Wir begriffen insofern die Regel als eine kulturbildende Aussage, indem wir sie als selbstverständlich voraussetzten.

Zum anderen haben wir festgestellt, dass die Kinder eher mit der Einteilung einverstanden waren, wenn sie spielerisch erfolgte. Dies beschreibt auch Walker in ihrem Handbuch: Die »Kinder waren auf Grund der ... Spiele [Anmerkung der Verfasser: zur Paar- und Kleingruppenbildung] eher bereit, sich auf eine Zusammenarbeit einzulassen. Wenn sie sich absolut weigerten, erzwangen wir allerdings die Kooperation nicht, sondern ließen sie tauschen.« (1998a, S. 49)

Damit Praktiker/innen spontan auf Methoden zur Paar- und Kleingruppenbildung zurückgreifen können, haben wir zehn von ihnen hier in alphabetischer Reihenfolge zusammengestellt. Dabei handelt es sich hauptsächlich um solche, die wir im Trainingsablauf bereits beschrieben haben und auf die wir hier nur verweisen. Spiele, die wir noch nicht ausgeführt haben, erläutern wir in der praktischen Umsetzung.

---

1 Wenn Sie diese Kompetenzen nicht wirklich in einem positiven Licht sehen können, ist es unsinnig, diese Einstellung auf Kosten Ihrer Authentizität vorzugeben.

»Spielerische Aufteilung in Kleingruppen«

Spielname	Einsatzmöglichkeit	Seitenverweis bzw. Spielanleitung
Alle in eine Reihe	beliebig	Die Gruppe bildet eine Reihe nach einem von den Trainern angesagten Kriterium (z.B. Körpergröße). Die Reihe wird dann aufgeteilt (z.B. die Kleinen, die Mittleren und die Großen).
Bestimmte Merkmale	Paarbildung	»Jemand, der oder die genauso stark ist wie du.« »Jemand, mit dem du sonst nicht so viel machst.«
Blinzeln	Paarbildung	s. 1. Trainingseinheit (2. Teil), S. 44
Fäden ziehen	Paarbildung Vierergruppen	Ein Trainer hält ca. 1 m lange Woll- oder Bindfäden (halb so viele wie Spieler) so in der Faust, dass die Fadenenden links und rechts herunterhängen. Jeder ergreift ein Ende. Ohne Loslassen muss sich die Gruppe zu Paaren entwirren. Für die Bildung von Vierergruppen gibt es einen zweiten Durchgang: Von jedem entstandenen Paar fasst nur ein Spieler ein Fadenende. Aus: Baer, U. (1998) 666 Spiele (S. 134).
Familie Meier	Beliebige Anzahl an Kleingruppen	s. 4. Trainingseinheit (Streitstatuen entschärfen), S. 52
Fliegende Gruppen	beliebig	Alle gehen oder tanzen einzeln nach der Musik durch den Raum. Bei Musikstopp rufen die Trainer/innen eine Zahl, zu der sich sofort Kleingruppen finden sollten (an den Schultern anfassen). Dabei kann die Kleingruppenbildung auch durch bestimme Angaben gelenkt werden (z.B. »Bildet eine Fünfergruppe, in der alle etwas in derselben Farbe tragen.«). Variante: Bei ruhiger Musik mit geschlossenen Augen. Aus: Baer, U. (1998) 666 Spiele (S. 44).
Filmdosen-Losen	beliebig	s. 3. Trainingseinheit (Gefühle raten), S. 49
Loskärtchen	beliebig	s. 5. Trainingseinheit (Wohin mit meiner Wut?), S. 56 Varianten: Genauso kann man Tiere, die nachzuahmen sind, auf die Karten schreiben.
Puzzle	beliebig	Je nachdem, aus wie vielen Kindern eine Kleingruppe bestehen soll, zerschneidet man kleine Bilder in Puzzleteile. Die Kinder setzen die Teile nun zu einem fertigen Puzzle zusammen: Sie bilden eine Gruppe.
Streichholz-Losen	beliebig	s. 10. Trainingseinheit (Actstorming), S. 68

Kapitel 9:
Grenzen des Trainings

Bisher beschrieben wir die Reichweite des Trainings, nun möchten wir transparent machen, was wir nicht erreicht haben. Zum einen geht es hier um bestimmte Kinder, an die wir mit dem Training nicht »herankamen«; zum anderen um den Wunsch, die Streitkultur der gesamten Gruppe zu verändern. Dieses Kapitel begreifen wir als eine aus der praktischen Erfahrung heraus entstandene Orientierungshilfe, mit der wir vermitteln möchten, wo die Einflussmöglichkeiten des Trainings möglicherweise enden. So können Anwender/innen die Ansprüche an sich und das Training in einem realistischen Umfang halten. Dabei ist es uns aber wichtig zu betonen, dass diese Grenzen von uns subjektiv erfahren wurden.

1. Die aus der Gruppe fallen: Drop-outs

Laut Duden bezeichnet man als Drop-out jemanden, »der aus der sozialen Gruppe ausbricht, in die er integriert war« (1997, S. 207). Wir möchten das Verständnis dieses Begriffes insofern erweitern, als dass dieser »Ausbruch aus der Gruppe« von vier verschiedenen »Entscheidungsträgern« durchgesetzt werden kann: »Die *Eltern* des Dropout-Kindes können es aus der Gruppe nehmen. Das *Kind* steigt aus. Die *Gruppe* grenzt es aus oder die *Leitung* nimmt das Kind aus der Gruppe.« (Pepmeyer/Redlich 1995, S. 56, Hervorhebung im Original)

Im Folgenden möchten wir von zwei solcher Ausbruchsformen berichten, mit denen wir konfrontiert wurden: Zum einen haben wir einen Jungen fast jedes Mal aus der Gruppe zurück in den Unterricht geschickt, weil die Arbeit in der Gruppe durch seine Störungen und Regelbrüche zu stark beeinträchtigt wurde.

Zum anderen wollen wir hier auf die von uns bezeichneten »Drop-outs im Geiste« eingehen: Sowohl die Gruppe als auch die Leitung konnte solche Kinder tragen, auch wenn sie durch Regelbrüche aufgefallen sind. Im Sinne der oben aufgeführten »Entscheidungsträger« vermuten wir aber, dass einzelne Kinder aus bestimmten Einheiten (und wenige sogar aus dem ganzen Streit-Training) zwar nicht wirklich, dafür aber in Bezug auf die Inhalte mental ausgestiegen sind.

»Die Leitung nimmt das Kind aus der Gruppe«

Bei der Integration »auffälliger Kinder« stießen wir an Grenzen: Als Trainer/innen und Leiter/innen der Gruppen haben wir uns dagegen entschieden, bestimmte Kinder von den gesamten Trainingseinheiten auszuschließen. Um jedoch den Rahmen zu wahren, in dem das Training stattfinden konnte, mussten wir uns, wie oben bereits dargestellt, Sanktionen überlegen, wenn ein Kind die Gruppenregeln auch nach mehrmaligen Verwarnungen nicht eingehalten hatte. Da gab es z.B. unsere »Pappenheimer«, die Schwierigkeiten hatten, sich an Regeln zu halten, denen es aber dennoch gelang, sich in den Gruppenrahmen einzugliedern. Sie erreichten wir mit den oben aufgeführten Schritten.

Lediglich ein Junge, der auch in der Klasse durch ein ausgeprägtes Bewegungsbedürfnis und häufiges Überschreiten von Grenzen auffiel, war für uns in dieser Gruppe und in diesem Rahmen nicht tragbar, sodass wir ihn im Laufe fast jeder Einheit zurück in die Klasse schickten.

Im Modell von Pepmeyer und Redlich (1995) werden Eingangsfaktoren genannt, die bestimmte Teufelskreise in Gang setzen bzw. am Laufen halten. In Kenntnis der familiären Hintergründe traf auf den hier beschriebenen Jungen zu, dass er aus einer Familie »mit sehr hohen psychosozialen Belastungen« kam.

Solche Kinder »neigen häufiger als andere dazu, sich zu streiten, Aggressionen zu provozieren und sich unruhig zu verhalten« (ebd., S. 56f). Dadurch wird ein Teufelskreis in Gang gesetzt, der daraus besteht, dass die Leitung schnell das Problemverhalten sanktioniert, was das Kind weiter aus der Gruppe entfernt: »Sanktionierte Kinder werden … von der Gruppe leichter abgelehnt.« (ebd., S. 56) Darauf reagiert es wieder mit Unruhe und Aggressivität, was die Leitung belastet, sodass sie das Problemverhalten wieder sanktioniert usw.

Diese Betrachtungsweise macht deutlich, dass nicht nur das »Indexkind« aus mangelnder Gruppenfähigkeit aus der Gruppe herausfällt, sondern dass die Gruppe es einem solchen Kind leicht oder schwer machen kann, sich in diese zu integrieren. Dasselbe gilt für Trainer/innen, die ein Kind durch ihr Verhalten fördern oder hindern können.

Pepmeyer und Redlich weisen mit dem hier vorgestellten Modell auf einige praktische Ansatzpunkte hin, von denen wir drei nennen möchten:

- Die Gruppen sollten »von Anfang an in ihrer *Zusammensetzung* so bestimmt werden, dass aggressiv-unruhige Kinder, zurückhaltend-scheue Kinder und Kinder mit geringen Störungen etwa gleich verteilt sind, um die Gruppenkohäsion zu fördern« (ebd., S. 57, Hervorhebung im Original). Dies muss also bereits bei der Aufteilung der Klasse bedacht werden: So kann der Klassenlehrer als Experte für »seine« Kinder auch diesen Aspekt beim Zusammensetzen der Halbgruppen berücksichtigen.
- Die Toleranzschwelle der Gruppenleitung kann möglicherweise »durch die Analyse der ... Teufelskreise beträchtlich erhöht werden« (ebd., S. 57). Dies bezieht sich auf den oben beschriebenen Teufelskreis, wie auf zwei weitere, die wir hier nicht weiter ausführen möchten (vgl. die Darstellung bei Pepmeyer/ Redlich 1995).
- »In Fallbesprechungen kann das Modell als ›Frühwarnsystem‹ dienen, um drop-out-gefährdete Kinder rechtzeitig zu erkennen« (ebd., S. 57) und darauf gegebenenfalls präventiv zu reagieren. Wie das genau aussehen kann, wird von Fall zu Fall unterschiedlich sein.

»Das Kind steigt (im Geiste) aus«

Die »Drop-outs im Geiste« weisen uns auf eine wichtige Grundproblematik von Trainings hin: Es geht hierbei um die Gruppe derer, die »nicht wollen«. Mit dem Streit-Training vertreten wir als Trainer/innen die Auffassung, dass Konflikte mit Worten geregelt werden sollten. Einige Kinder wollen aber weiterhin eine »Sieg-Niederlage-Orientierung« (Gordon 1979, S. 20) beibehalten bzw. auf Gewalt nicht verzichten. So äußerte sich ein Junge in einer Sitzung folgendermaßen: »Aber wir wollen doch mit Gewalt!« – sicher auch mit Blick auf die Situation, die ihn und die anderen umgibt und in der einzig Handgreiflichkeiten vor einem Gesichtsverlust schützen.

Diese Orientierung und Meinung vertreten die Kinder nicht durchgängig. Es fällt ihnen leichter, das »Nicht-Wollen« in ihrer sozialen Gruppe zu vertreten, in der sie sich in ihrer Einstellung absichern können, als diese allein und konsequent auszudrücken.

Hier wird eine gewisse »Ambivalenz aus Ablehnung und Interesse oder gar Anziehung durch Gewalt« (Jansen 1999, S. 21) deutlich, die der Autor auch in seiner Studie zu Gewalterfahrungen und Gewaltwahrnehmung von Kindern beschreibt. Laut Jansens Ergebnissen wirkt Gewalt »aus verschiedenen Gründen faszinie-

rend« (ebd., S. 21). Zunächst ist da der »Charme einfacher Kommunikation mittels Gewalt, in der Gewalt durch ihre Funktionalität fasziniert«. Daneben reizt »im Vorfeld der Gewalt (das) ... ›Spiel mit dem Feuer‹, Ruppigkeit, Risikobereitschaft, die zur Stilisierung des Ichs dient.« (ebd., S . 21f.)

Langer nennt den Aspekt der »gerechten Gewalt«, die dann »zulässig« ist, »wenn es darum geht, sich nichts gefallen zu lassen, sich gegen Beleidigungen zu wehren, beweisen zu müssen, dass man kein Feigling ist, sich Respekt zu verschaffen, Freunden und Mädchen beizustehen oder einem anderen zu zeigen, dass er im Unrecht ist« (1994, S. 83).

Unserem Eindruck nach meinen diese Kinder häufig, sich nur über Verhaltensweisen wie Drohen, Herabsetzen und Zuschlagen bei anderen Respekt und Gehör verschaffen zu können. Dabei entgeht ihnen, dass sie sich in einem hierarchischen Beziehungsgefüge aus Sieg und Niederlage wieder finden, das sie vermutlich nur allzu gut – und zwar auf beiden Seiten – kennen gelernt haben. Ihnen fehlen kooperative Handlungsalternativen, um sich auf einer gleichwertigen Beziehungsebene zu begegnen. Der Erfahrungsmangel bzw. das dauerhafte »Nicht-Können« haben vielleicht erst dazu geführt, dass sich diese Kinder nicht mehr verändern wollen.

Wir möchten drei Ideen nennen, wie man mit den »Drop-outs im Geiste« umgehen könnte. Sicherlich bedarf es hier aber noch weiterer kreativer Ansatzpunkte, um dieser Grundproblematik zu begegnen.

- Besonders beliebt waren im Training die **Aufwärm- und Bewegungsspiele**. In Hinblick auf die Gruppe der unmotivierten Kinder ist es also günstig, sich Zeit für solche Spiele zu nehmen. (Für sich allein genommen reicht dieser »Schachzug« sicher nicht aus.)
- Eventuell könnte man im Unterricht mit den Kindern die **Vorteile von gewalttätigem und fairem Streiten** erarbeiten. Anregungen hierzu findet man in dem Buch »88 Impulse zur Gewaltprävention« (Landesinstitut Schleswig-Holstein für Praxis und Theorie der Schule et al. 1997, S. 17).
- Wie auch schon im Umgang mit »Störern« stellen **Einzelgespräche** unserer Erfahrung nach einen sinnvollen Versuch dar, auch mit denen, die nicht wollen, in Kontakt zu kommen. Damit »das Kind nicht in den Brunnen fällt«, sollte man so früh wie möglich mit ihm sprechen. An dieser Stelle kann man das oben erwähnte Modell tatsächlich als »Frühwarnsystem« nutzen.

Diese Art von geistigem Drop-out führt uns zu einer zweiten, umfassenderen Grenze, das Ziel, die Streitkultur zu verändern.

2. Die Veränderungsmöglichkeiten der Streitkultur sind beschränkt

Außerhalb der Trainingseinheiten gelten im Zweifelsfall die gewohnten alten Normen. Kurz gesagt: Streit wird nicht auf faire Art und Weise gelöst.

Neben dem Problem, dass durch die nähere Umgebung der Kinder (Mitschüler/innen, Elternhaus, Bewohner/innen des Stadtteils) und im gesellschaftlichen Zusammenhang (Fernsehen, Berichterstattungen über die Strategien zur politischen Machtdurchsetzung) oftmals eine andere Kultur propagiert wird, kommt erschwerend hinzu, dass sich Einstellungsänderungen nur langsam entwickeln.

Einen Beleg dafür liefert die Theorie über den »Einfluss des frühen Lernens« von Bateson (1981, 1982). Seinen Ideen zu Folge wird sich in Fällen, in denen eine Person widersprüchliche Ideen vertritt, die abstrakteste oder die am besten zu verallgemeinernde Idee – also diejenige

In unserem Fall stünde faires Streiten den gewohnten und leider auch für viele bewährten »Hau-drauf-Methoden« dissonant entgegen, die vom sozialen Umfeld in sozial benachteiligten Stadtteilen nach wie vor praktiziert und vorgelebt werden.

Aus diesen theoretischen Überlegungen heraus sprechen wir uns für weit reichendere Maßnahmen zur Etablierung konstruktiver Konfliktregelungen aus, die über eine punktuelle Durchführung des Streit-Trainings im Rahmen einer Klasse als soziale Gruppe hinausgehen müssen, um wirksam zu werden.

Auch im familiären Rahmen der Kinder vermuten wir so manche handgreifliche Konfliktaustragung, durch die Interessen auch von elterlicher Seite her durchgesetzt werden.

Der Einfluss gewaltpräventiver Maßnahmen wird immer im Zusammenhang mit einem gesamtgesellschaftlichen Umdenken stehen und gesehen werden müssen. Wir glauben, dass die Etablierung von Fairness-

Abbildung 19: »Störsender«

Idee, die am häufigsten zu einem (zumindest kurzfristigen) Erfolg führt – als das Verhalten steuernde Element durchsetzen. Das sind im weiteren Umfeld der Kinder eindeutig Schläge und Beleidigungen.

Des Weiteren sorgt der von Festinger (1978) beschriebene »stützende Einfluss der sozialen Gruppe« dafür, dass sich die in 12 zweistündigen Trainingseinheiten vermittelten Impulse sicher nicht sofort bahnbrechend im Verhalten der Kinder durchsetzen werden. Festinger beschreibt im Rahmen seiner Dissonanztheorie, dass die soziale Unterstützung einen der wesentlichen Faktoren darstellt, die bei einer Entscheidung den Ausschlag geben können, wenn zwei sich im Widerstreit befindende Auffassungen eine von ihm sog. »Dissonanz« und eine damit verbundene Anspannung[1] hervorrufen, die das Individuum bestrebt ist aufzulösen.

Normen so lange ein Problem darstellt, wie von außen konträre »dissonante Störquellen« als attraktive und Erfolg versprechende Werte propagiert werden.

In diesem Zusammenhang sehen wir auch die Rolle, die das Fernsehen für die Kinder unserer Zielgruppe gespielt hat, als problematisch an. Den Kindern wird noch nicht durchgängig über medienpädagogische Maßnahmen eine sog. »Medienkompetenz« vermittelt, die sie für den Umgang mit »den vielen zur Identifikation reizenden Fernsehhelden in Action-Serien« (Ulonska 1999, S. 1) »fit« machen könnte.

---

1 Die Anspannung entsteht durch sich widersprechende Wahrnehmungen.

Ausblick: Wie geht´s weiter?

In diesem Teil möchten wir konkrete Vorschläge zu möglichen Maßnahmen machen, mit denen der Einsatz des Streit-Trainings sinnvollerweise kombiniert werden kann, um Verhaltensveränderungen eine höhere Chance einzuräumen.

Mit der Wahl mehrerer Angriffspunkte gelingt es unserer Einschätzung nach eher, die engen Grenzen des Subsystems »Klasse« zu überwinden, um Veränderungen der Streitkultur in einem größeren Zusammenhang anzuregen. »Soziale Erziehung kann sich jedoch nicht allein in speziellen Trainings vollziehen, sondern muss zugleich in die alltäglichen Schulsituationen integriert werden – also in Fachunterricht, Projekte und schulische Freizeit.« (Tillmann u.a. 1999, S. 305)

Auch einige Kinder hielten diesen Aspekt für wich-tig: »Alle Kinder (sollen das Training mitmachen), Kinder auf anderen Schulen« (Ilja, 3. Klasse), »weil, wenn es nur zwei machen würden, würd's auch nicht helfen, dann würden die anderen ja weiter schlagen« (Marco, 3. Klasse).

1. Unterrichtsbezug

Mit Blick auf die Gestaltung des Unterrichts finden wir es sinnvoll, dass ein thematischer Bezug zum Streit-Training hergestellt wird, der den Kindern zusätzliche Perspektiven zur Betrachtungsweise von Konflikten ermöglicht. Dabei kann es im Sachunterricht darum gehen, welche Philosophie und Werte hinter dem konstruktiven Konfliktverständnis stehen. Erörterungen zu bestimmten Fragen und Problemen, auf die die Kinder auch von sich aus stoßen und die durch die Rollenspielsituationen im Training bei den Kindern vermutlich vermehrt aufgeworfen werden, können im Unterrichtsgespräch geführt werden.

Ein Junge beschrieb z.B. das folgende Problem: »Wenn du aufgibst und sagst: ›Komm, jetzt vertragen wir uns‹, dann fühlt sich der andere richtig hoch.«

Genauso eignen sich auch Übungen aus dem Streit-Training, um im Unterricht wiederholt und vertiefend behandelt zu werden. Zum Beispiel können Lehrer/innen in aktuellen Problemfällen Rollenspiele zu diesem Thema wieder aufgreifen.

Zudem können die Regeln, die während des Trainings mit den Kindern erarbeitet wurden, auf die Unterrichtssituation übertragen werden. Auch hier kann der Regelbogen (oder ein ähnlich gestalteter Selbstbeobachtungsbogen) zum Einsatz kommen. Ein umfassenderes Vorgehen, das »die Verständigung über Probleme und Veränderungsmöglichkeiten mit systematischer Diagnose und detaillierter Planung von Änderungsschritten (verbindet)« (Redlich/Schley 1981, S. 10), wird in dem Konzept der Kooperativen Verhaltensmodifiktation vorgestellt (zur praktischen Umsetzung vgl. Achtzehn Autoren, 2000).

Im Sportunterricht könnten Übungen zum Kräftemessen besser als im Streit-Training eingesetzt werden.[1] Wir erörterten schon an anderer Stelle, dass die Kinder durch Übungen zum »Kräftemessen«, die Seite an Seite mit den Rollenspielen stattfanden, möglicherweise Probleme im Unterscheiden der verschiedenen Ansätze hatten. In den Rollenspielen sollen ernste Kämpfe nämlich nicht als »Catchkämpfchen« heruntergespielt und lustig dargestellt werden, weil die Kinder sich auf den Ernst der Situation einlassen sollen, um sich in das zu Grunde liegende Problem einfühlen zu können. Spielerisch und lustig umgesetzt werden konnten reglementierte Kämpfe im Gegensatz dazu bei dem ursprünglich im Training verwendeten Methodenbaustein »Kräftemessen«. Diese Methode im Sportunterricht anzuwenden, weil »de les lichamelijke oefening … ook gebruikt wordt als ruimte voor sociaal-geaccepteerde activiteiten waarbinnen aggressiviteit gekanaliseerd kan worden«[2] (Dekkers 1993, S. 23), finden wir für die Kinder weniger verwirrend.

Auf diese Weise wird den Kindern auch zusätzlich zu den Streit-Trainings-Einheiten über den Unterschied zwischen ernsten und »spaßigen« Kämpfen verdeutlicht, dass sie sich fürs Kräftemessen feste Spielregeln setzen müssen und ihnen dann niemand die derart ritualisierten und abgesicherten Spiele verbieten will.

---

1 Eine detaillierte Anleitung mit konkreten Spielideen findet sich bei Müller (1995).

2 »Sportunterricht kann auch als Raum genutzt werden, in dem sozial akzeptierte Aktivitäten aggressive Verhaltensweisen kanalisieren können.« (Übersetzung der Verfasser)

2. Anliegenarbeit

Im Anschluss an die 12 Einheiten des Streit-Trainings schlagen wir vor, außerhalb des Unterrichts in einer Art Anliegenarbeit die Konflikte der Kinder weiterzubearbeiten.

Wir geben diese Idee weiter, haben aber selbst bisher noch nicht danach gearbeitet, sodass die beschriebene Vorgehensweise einer »Streit-Supervision« im Gegensatz zum Streit-Training nicht erprobt ist. Wir glauben aber, dass eine auf das Training folgende Supervisionsarbeit dem in den Interviews von den Kindern geäußerten Wunsch nach mehr Übung »von dem Gleichen« Rechnung tragen könnte. Und gerade eine sich wiederholende und somit besser einprägsame Vertiefung des Stoffs scheint uns dringend notwendig, da das Streit-Training mit seiner begrenzten Anzahl von Einheiten unseres Erachtens nach dadurch in seiner Wirkung unterstützt werden kann.

Zu diesem Zweck kann die den Kindern bekannte Sitzungsstruktur mit der gewohnten Reihenfolge der Bausteine und den gleichen Rahmenbedingungen des Streit-Trainings als Schablone für die »Supervisionsarbeit« übernommen werden. Als Inhalte der Rollenspiele dienen dann die spontan von den Kindern geäußerten Konfliktfälle der letzten Zeit. Da so eine Supervision im wöchentlichen oder vierzehntägigen Rhythmus stattfinden könnte, würden aktuell zu regelnde Konflikte der Kinder auch in diesem Rahmen bearbeitet werden können. Auf diese Weise entsteht ein institutionalisierter Raum, der für das fortschreitende Lernen der Kinder an Konfliktfällen, für Besprechungen und vertiefende Übungen genutzt werden kann.

Zu Beginn findet eine Themensammlung statt, in der durch die Kinder eine Abstimmung erfolgt, welcher Fall bearbeitet werden soll.

Auf diese Phase folgt ein Warming-up, und danach beginnt die eigentliche Anliegenbearbeitung, während der ein Konflikt im Rollenspiel nach der bekannten Dramaturgie bearbeitet wird und die Kinder Lösungen dafür suchen. Dabei müssen die beiden Trainer/innen jedoch den »Knackpunkt« des ausgewählten Falls genau erkennen, damit die Lösungssuche spielbar bleibt und im Sinne eines Actstormings verlaufen kann.

Dieser Übung folgen wieder – wie den Kindern bereits aus dem Streit-Training bekannt – das Vorlesen weiterer Geschichten und das Ritual der Abschlussrunde, in der auch die Trainingsbögen zur zusätzlichen Übung weitergeführt werden können.

Wir möchten abschließend bemerken, dass eine sofortige Anliegenarbeit ohne den Vorlauf des Streit-Trainings unserer Vermutung nach nicht empfehlenswert ist. Die Vorkenntnisse und Lernerfolge aus dem Streit-Training sind unserer Einschätzung nach für die Supervisionsarbeit ein ebenso notwendiges Kriterium wie das Bestehen einer vertraulichen Arbeitsatmosphäre, in der mit den persönlichen Konflikterfahrungen eines Kindes erst gearbeitet werden kann, wenn alle Kinder ein gewisses Repertoire allgemein gültiger Beispielfälle kennen gelernt haben. Außerdem muss ein fairer Umgang unter den Kindern insoweit bestehen, dass die Kinder, die ihren Konflikt vorstellen, von den anderen unterstützt und nicht persönlich angegriffen werden.

3. Mediationsausbildung

Im Anschluss an das Streit-Training halten wir eine Mediationsausbildung (vgl. Jefferys-Duden, 1999) für wünschenswert, sofern alle Kinder die Kompetenzen zum Schlichten von Streitfällen vermittelt bekommen. Dadurch wird gewährleistet, dass diese Fertigkeiten für die Schüler der ganzen Schule verfügbar werden und nicht nur Einzelne von dieser Maßnahme profitieren.

Unsere Erfahrungen mit den letzten beiden Einheiten des Streit-Trainings decken sich mit einer Einschätzung von Jefferys-Duden (1999).
Sie bemerkt, dass »mit zunehmendem Alter ... die Schlichtungskompetenzen der Schüler erweitert und der zunehmenden Komplexität von Konflikten angepasst werden (können)« (S. 52).

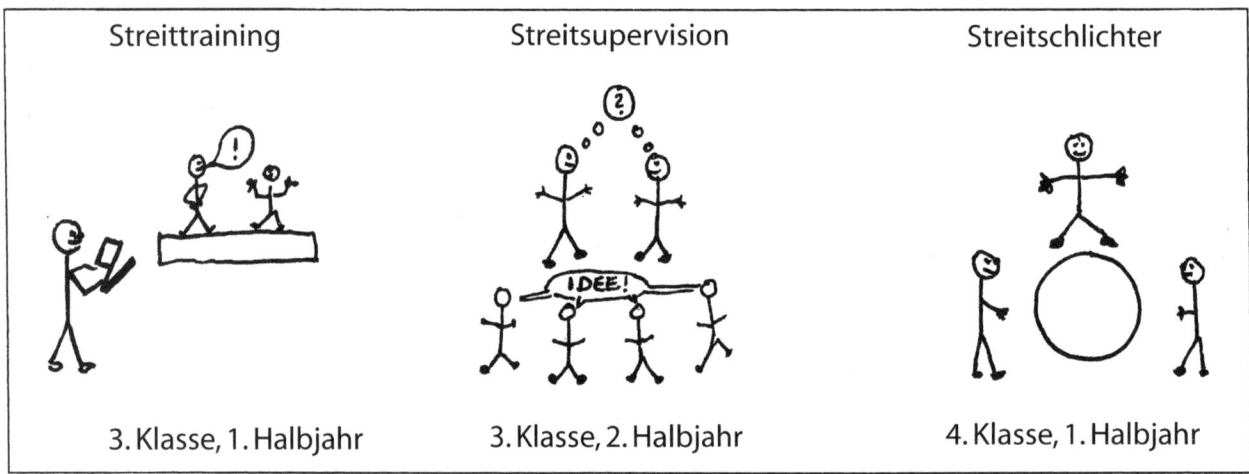

Abbildung 20: Aufbauende Maßnahmen nach dem Streit-Training mit möglichem Zeitplan

Wir könnten uns vorstellen, dass an einer Schule in der Form eines Curriculums zuerst das Streit-Training durchgeführt wird, dann eine Streitsupervision nach der Art der weiter oben beschriebenen Anliegenarbeit folgen könnte und zuletzt die anspruchsvollere Ausbildung zum Streitschlichter angeboten wird.

Zur Weiterbildung könnte im Anschluss an das Streit-Training und die Anliegenarbeit auch aus diesem Grunde gut eine Mediationsausbildung für alle Kinder im Klassenrahmen folgen.

4. Lehrer/innen-Training

Im Rahmen der Präventionsarbeit scheint es uns sinnvoll, auch den Lehrkräften gezielt Verhaltensalternativen an die Hand zu geben, die ihnen im Umgang mit den Konflikten der Kinder neue Reaktionsmöglichkeiten eröffnen. Sie können auf diese Weise die Kinder beim Lösen von Konflikten unterstützen und festigen damit die Etablierung einer fairen Streitkultur, hinter der – auch für die Kinder gut sichtbar – die ganze Schule steht. Oftmals machen nämlich die Kinder und Jugendlichen die Erfahrung, dass Lehrkräfte nicht bei akuten handgreiflichen Auseinandersetzungen eingreifen (vgl. dazu Tillmann et al. 1999, S. 134).

Wir vermuten, dass dieses Phänomen auf die Unsicherheit bei den Lehrkräften zurückzuführen ist, die entsteht, wenn sie sich nicht ausreichend für diese Aufgabe vorbereitet fühlen, die vielleicht hilflos sind und daher nicht genau wissen, wie sie den unterschiedlichen Konflikten begegnen sollen.

Daher möchten wir dazu anregen, dass auch die Lehrkräfte, genau wie die Kinder, ihr Handlungsrepertoire erweitern, um den Konflikten angemessen begegnen zu können und den Kindern den Rückhalt zu bieten, den sie für einen fairen Umgang untereinander von Seiten der Lehrkräfte brauchen. Es könnte sich für die Lehrer/innen darum drehen, »die Sensibilität für Schülerprobleme und Interaktionsprozesse zu schärfen und Kommunikationsformen zu erlernen, die auch bei schwierigen Jugendlichen keine Beziehungsblockaden bewirken« (ebd., S. 305).

Wir stellen als konkretes Beispiel eines solchen Lehrertrainings das »Konstanzer Trainingsmodell« hier kurz vor. Das Training lässt sich im Kollegium autodidaktisch (z.B. im Rahmen einer Fortbildung) aneignen und kann sich unter dieser Bedingung wohl zusätzlich positiv auf die Kooperationsfähigkeit aller Lehrkräfte auswirken.

Die Kolleg/innen erarbeiten sich das Programm in Zweiergruppen und lernen gemeinsam nach den schriftlichen Materialien aus dem Trainings-Ordner, den Prozess des Eingreifens und der Aufarbeitung von Schülerkonflikten zu strukturieren und durchzuführen.

Dieser Prozess ist kleinschrittig zu erlernen und in vier Phasen aufgeteilt. Die erste Phase beschreibt eine Art »Situationsauffassung«, in der es darum geht zu lernen, Störungen als solche zu erkennen, sie zu erklären und einzuordnen. In der »Handlungsauffassung« werden nach einer Phase, in der man sich über seine Entscheidungsstrategien bewusst werden kann, Maßnahmen und Reaktionsmöglichkeiten auf handgreifliche Auseinandersetzungen und Konflikte geplant und vorbereitet. Die dritte Phase der erst auf die Planung folgenden »Handlungsausführung« findet im Rollenspiel und mit Hilfe von Simulationen statt. Eine Reflexion und Einschätzung der Verhaltensweisen wird dann in der letzten Phase der »Handlungsergebnisauffassung« geleistet.

Für detailliertere Informationen verweisen wir auf den Aufsatz »Gewaltprävention durch Lehrertraining« (Miller 1995, S. 118ff.) über das Konstanzer Trainingsmodell und auf das eigentliche Trainingshandbuch von Tennstädt (1987).

5. Elternarbeit

Gerade die Eltern, als primäre Bezugspersonen eines heranwachsenden Kindes, stellen ein wichtiges Modell für Konfliktbewältigung dar. Die Art und Weise, wie sie mit Konflikten umgehen, die sie mit ihrem Kind, aber auch untereinander oder mit anderen Personen haben, beeinflusst das Konfliktverhalten eines Kindes in starkem Maße. Pfeiffer und Wetzels (1999) schreiben hierzu: »Fast jeder Sechste der ... befragten Schülerinnen und Schüler ist im letzten Jahr Opfer massiver elterlicher Gewalt (Prügelstrafen oder Misshandlungen) geworden ... Solche familiären Gewalterfahrungen erhöhen beträchtlich die Wahrscheinlichkeit, dass die betroffenen Jugendlichen selber Gewalt ausüben.« (S. 12) Auch wenn es sich hier um Extreme handelt, wird der Einfluss des elterlichen Verhaltens auf das ihrer Kinder deutlich.

Allerdings ist es rechtlich nicht möglich, Eltern zu einem Konflikttraining zu verpflichten. Noch dazu ist es fraglich, wessen Aufgabe es ist, Eltern in konstruktiver Konfliktbewältigung zu »erziehen«. In der Praxis ist man darauf angewiesen, Veranstaltungen oder Trainings anzubieten und abzuwarten, wer kommt. Praktische Erfahrungen in diesem Gebiet zeigen aber, dass solche Angebote eher wenig genutzt werden und sie insbesondere kaum die Eltern ansprechen, die in dem obigen Zitat beschrieben werden.

Um ein Beispiel zu geben, wie im Rahmen der Schule Elternarbeit in Richtung einer konstruktiven Konfliktkultur geleistet werden kann, möchten wir auf das Projekt »Eltern, Schule, Schulentwicklung« verweisen, das aus der Zusammenarbeit des Hamburger Instituts für Lehrerfortbildung, der Elternkammer Hamburg und dem SchulInformationsZentrum entstand. Im Rahmen des neuen, seit August 1997 in Kraft getretenen Hamburger Schulgesetzes haben Eltern heute ein größeres Mitspracherecht und eine erhöhte Verantwortlichkeit für schulische Belange (indem sie z.B. selbst Elternabende organisieren können). Eine wichtige Funktion von Klassenelternvertretern ist es beispielsweise, Konflikte von Eltern untereinander, zwischen Eltern und der Institution Schule, zwischen Eltern und Schülern zu regeln (vgl. Behörde für Schule, Jugend und Berufsbildung 1998, S. 6). In einer zweistündigen Schulung sollten interessierte Eltern von externen Trainer/innen dazu qualifiziert werden, u.a. in Konflikten kompetenter zu vermitteln (vgl. ebd., Fortbildung für Elternvertretungen, S. 30).

In Bezug auf gewaltpräventive Projekte in der Schule möchten wir dazu ermuntern, die Elternschaft mit einzubeziehen. Auch wenn es schwierig ist, uninteressierte Eltern zu erreichen, so sollte wenigstens der Versuch gemacht werden, motivierten Eltern eine Mitwirkung am Projekt zu ermöglichen. Herweg und Hold-Jagoda weisen darauf hin, »dass man in guten Zeiten, d.h. solange es noch ›normal‹ läuft, mit der Zusammenarbeit anfängt und sich zusätzlich Zeit nimmt, um über Kinder zu reden« (1995, S. 39). Die Autoren schlagen Podiumsdiskussionen und Vortragsveranstaltungen zu bestimmten Themen (z.B. »Was ist eigentlich Gewalt?«) vor, um einen Einstieg in eine solche Auseinandersetzung zu erreichen.

Um dem bereits oben erwähnten Problem der geringen Beteiligung an solchen Veranstaltungen entgegenzuwirken, empfehlen Herweg und Hold-Jagoda Klassenelternabende, bei denen »konkrete Anlässe und Ereignisse im Mittelpunkt stehen« (z.B. die Vorstellung des Streit-Trainings-Konzepts). Als weitere Möglichkeiten nennen sie Elterngesprächskreise, gemischte Arbeitskreise von Lehrer/innen, Kindern und Elternteilen sowie Workshops, die eine persönliche Auseinandersetzung mit dem Thema ermöglichen.[1]

---

1 Vgl. hierzu auch Olweus 1996, S. 78f. und S. 82.

6. Schulprogramm nach Olweus

Das Ziel von Olweus ist es, mit relativ einfachen Mitteln ein umfassendes Programm zur Gewaltprävention anzubieten. Das von ihm vorgeschlagene Konzept setzt auf drei Ebenen an und hat sich in der Erprobung als wirksam herausgestellt (vgl. hierzu Olweus 1996, S. 110f).

Wir denken, dass das Programm von Olweus Anregungen enthält, die in der Schule relativ einfach umsetzbar sind.

Daher geben wir hier die von uns erläuterte »Übersicht über das Kernprogramm« (ebd., S. 121) wieder, bei der Olweus zwischen »Kernbestandteilen« (◉) und »äußerst wünschenswerten Bestandteilen« (◎) unterscheidet.
Bei weiterem Interesse verweisen wir auf sein Originalwerk.

Übersicht über das Kernprogramm

Allgemeine Voraussetzungen

◉ Auf Seiten der Lehrer und Eltern Problembewusstsein und der Entschluss, »sich ernsthaft für eine Änderung der Situation einzusetzen« (ebd., S. 71).

Maßnahmen auf der Schulebene

◉ Fragebogenerhebung zur Feststellung des Ist-Zustands.

◉ Pädagogischer Tag, an dem »ein langfristiger Handlungsplan für die jeweilige Schule aufgestellt« und sich »über bestimmte Maßnahmen und Grundsätze« (ebd., S. 74) geeinigt werden sollte.

◉ Bessere Aufsicht während der Pause und Essenszeit: zum einen durch eine höhere »Lehrerdichte« (ebd., S. 75), zum anderen durch schnelles und entschlossenes Eingreifen (anstatt purer Anwesenheit) der Aufsicht führenden Erwachsenen.

◎ Schulkonferenz zur »Herbeiführung eines verbindlichen Beschlusses« (ebd., S. 74); dazu werden die Eltern und Schüler/innen eingeladen.

Maßnahmen auf der Klassenebene

◉ Klassenregeln gegen Gewalt: Dabei ist es wichtig, »dass die Schüler und Schülerinnen sich an den Diskussionen über diese Regeln beteiligen« (ebd., S. 83).

◉ Klassengespräche, um z.B. die Regeln und mögliche Strafen bei deren Übertretung zu diskutieren.

Maßnahmen auf der persönlichen Ebene

◉ Ernsthafte Gespräche mit den gewalttätigen Kindern und Opfern.

◉ Ernsthafte Gespräche mit den Eltern der beteiligten Schulkinder.

◎ Lehrer und Eltern werden pädagogisch kreativ.

7. Stadtteilbezogene Maßnahmen: Train-the-trainer und community education

Wie bereits erwähnt, haben die Gleichaltrigen untereinander einen starken Einfluss auf die Streitkultur der Gruppe. Daher sollte das Thema konstruktive Konfliktbewältigung in allen Schulen des Stadtteils einen angemessenen Stellenwert erhalten. Auf das vorliegende Streit-Training bezogen hieße das, dass es idealerweise in allen Grundschulen des entsprechenden Viertels durchgeführt werden sollte, damit dort alle Kinder die gleichen Voraussetzungen haben, Konflikte gewaltfrei und gemeinschaftlich zu regeln.

In diesem Zusammenhang möchten wir auf Train-the-trainer-Programme eingehen: Ältere Schüler/innen werden dabei von externen Trainer/innen geschult, bestimmte Inhalte (z.B. Sexualerziehung, Konfliktbewältigung etc.) anschließend an jüngere Schüler/innen zu vermitteln (sog. peer education[01]). Bei solchen Konzepten sehen wir den Vorteil, dass »Peer-Trainer/innen« im Sinne von Banduras Modelllernen (1973, 1979) von den Kindern möglicherweise eher als Vorbild akzeptiert werden, als Lehrer/innen oder externe Trainer/innen. Im Gegensatz zu diesen stehen Peer-Trainer/innen den Kindern nämlich wesentlich näher, was den Sprachgebrauch, Entwicklungsbedingungen, Insiderwissen und äußeres Erscheinungsbild angeht. Dahinter steht die folgende Annahme: Wenn ich die Trainer/innen »cool« finde, dann bin ich auch eher bereit, mich mit dem, was sie vorschlagen, auseinander zu setzen.

Ein Train-the-trainer-Programm für die elfte Jahrgangsstufe liegt von Buthmann und Thon (2000) vor. Interessierte Oberstufenschüler/innen melden sich freiwillig zu der Ausbildung zum Fair-Streiten-Trainer. Diese bereitet sie darauf vor, ein Training der Konfliktfähigkeit (»Fair Streiten«) in fünften und sechsten Klassen durchzuführen. Das Trainingsprogramm für die fünfte und sechste Klasse ist angelehnt an das hier vorliegende Programm. Ein möglicher Anreiz für die Oberstufen-

schüler/innen, als Trainer/innen zu fungieren, ist dabei, Kompetenzen zur Gruppenleitung zu erlernen.

In Bezug auf das Streit-Training könnten wir uns vorstellen, dass interessierte ältere Jugendliche aus dem Stadtteil in einer Art Stadtteilprojekt als Trainer/innen ausgebildet werden, um das Streit-Training anschließend an verschiedenen Grundschulen durchzuführen. Da wir es ungerechtfertigt finden, dass persönlicher Einsatz im wirtschaftlichen Bereich hoch vergütet wird, während soziales Engagement oft als Ehrenamt unbezahlt bleibt und so für Jugendliche nicht attraktiv ist, möchten wir an dieser Stelle für eine finanzielle Wertschätzung und eine fundierte Ausbildung der Peer-Trainer/innen plädieren.

Um auch Einrichtungen der Jugendhilfe (wie z.B. Jugendtreffs, Bauspielplätze etc.) mit einzubeziehen, die oft nach der Schule Kontakt zu den Kindern haben, würde sich z.B. eine Stadtteilkonferenz anbieten, an der an einem gemeinschaftlichen Konzept zur Gewaltprävention gearbeitet wird: »Probleme des Stadtteils schwappen immer in die Schule ... Wo jede Gruppierung für sich der gesellschaftlichen Problemlage nicht mehr gerecht werden kann, da braucht es den Runden Tisch, die Stadtteilkonferenz, die Vernetzung.« (Herz 1995, S. 54) Die »Öffnung der Schule zur Gemeinde hin« (Träbert 1999, S. 14) wird im angelsächsischen Sprachraum als community education bezeichnet. »Community education ereignet sich, wenn Grenzen überschritten, neue Begegnungen geschaffen, Prozesse der Veränderung gemeinsam erlebt werden auch im Umgang mit Fremdheit und Gewalt.« (Herz 1995, S. 57, Hervorhebung im Original)

Eine kooperative Konfliktkultur wird eher dort entstehen, wo Kooperation betrieben wird. Die Stadtteilkonferenz kann ein Forum sein, wo eine solche Zusammenarbeit initiiert, organisiert und fortgeführt wird.

---

1   »Peer« (engl. »der Gleiche«) meint die »Gleichaltrigen, aber auch Gleichgesinnten« (Oerter/Montada 1987, S. 316).

Literaturverzeichnis

Achtzehn Autoren: Die Kooperative Methode im Unterricht: 14 Fallbeispiele zur Lösung von Kon-flikten und zur Verbesserung der Kommunikation und Kooperation in Schulklassen. In Redlich, A. (Hrsg.): Materialien aus der Arbeitsgruppe Beratung und Training. Band 12. Fachbereich Psychologie der Universität Hamburg. Hamburg: Herausgeber, 2000.

Aichinger, A.: Zurück zum Ursprung. Abweichungen von der klassischen Psychodramamethode in der therapeutischen Arbeit mit Kindergruppen. In Bosselmann, R., Lüsse-Leonhardt, E./Gellert, M. (Hrsg.): Variationen des Psychodramas: ein Praxisbuch nicht nur für Psychodramatiker. Limmer, Meezen 1993, S. 220–239.

Baer, U. (Hrsg.): 666 Spiele: für jede Gruppe, für alle Situationen. Kallmeyer, Seelze-Velber [8]1998.

Bandura, A.: Aggression: A social learning analysis. Prentice Hall, Englewood Cliffs 1973. (Übersetzung 1979: Aggression. Eine sozial-lerntheoretische Analyse. Klett, Stuttgart.)

Bateson, G. .: Ökologie des Geistes. Suhrkamp, Frankfurt 1981.

Bateson, G.: Geist und Natur. Suhrkamp, Frankfurt 1982.

Behörde für Schule, Jugend und Berufsbildung, Amt für Schule (Hrsg.): Elternratgeber: Wir reden mit. Hamburg: 1998.

Boal, A.: Theater der Unterdrückten: Übungen und Spiele für Schauspieler und Nicht-Schauspieler. Suhrkamp, Frankfurt am Main 1989.

Bücken, H.: Gegen die Gewalt anspielen: vom Umgang mit Aggressionen. Reihe (8–13). Burghardthaus-Laetare-Verlag, Offenbach/M. 1999.

Buthmann, A./Thon, C.: Fair Streiten – Wie können Oberstufenschüler/innen darauf vorbereitet werden, ein Training der Konfliktfähigkeit in fünften und sechsten Klassen durchzuführen? Entwicklung, Erprobung und Evaluation eines train-the-trainer-Programms. Unveröffentlichte Diplomarbeit, Universität Hamburg 2000.

Büttner, E.: Wir drehen einen blutrünstigen Videofilm. *Pädagogik*, Beltz Verlag, Weinheim und Basel 6, 1995 S. 45–49.

Cohn, R. C.: Von der Psychoanalyse zur themenzentrierten Interaktion: von der Behandlung einzelner zu einer Pädagogik für alle. Klett-Cotta, Stuttgart [13]1997.

Dauscher, U.: Moderationsmethode und Zukunftswerkstatt. Luchterhand, Kriftel, Neuwied, Berlin [2]1998.

Dekkers, B.: De aanpak van pestproblemen. Edudesk, Doetinchem (NL) 1993.

Dörner, K./Nebel, C./Redlich, A.: Geschichten für gestresste Kinder. Herder, Freiburg i. Br. [4]1995.

Dropout: In Duden Fremdwörterbuch. Bibliographisches Institut/F.A. Brockhaus AG., Mannheim 1997, S. 207.

Faller, K.: Mediation in der pädagogischen Arbeit: Ein Handbuch für Kindergarten, Schule und Jugendarbeit. Verlag an der Ruhr, Mülheim 1998.

Festinger, L.: Theorie der kognitiven Dissonanz. Huber, Bern 1978.

Frey, D./Schäfer, M./Neumann, R.: Zivilcourage und aktives Handeln bei Gewalt: Wann werden Menschen aktiv? In M. Schäfer/D. Frey (Hrsg.): Aggression und Gewalt unter Kindern und Jugendlichen. Hogrefe, Göttingen 1999, S. 265–284.

Geissler, K. A.: Alles nur ein Spiel. Spiele zum Lernen – eine Beleidigung für das Spiel. *Pädagogik*, 1, 1998, S. 29–30.

Gordon, T.: Familienkonferenz: Die Lösung von Konflikten zwischen Eltern und Kind. Hoffmann und Campe, Hamburg [13]1979.

Gudjons, H.: Ernste Spiele. Über Möglichkeiten und Grenzen von Interaktionsspielen. *Pädagogik*, 1, 1998, S. 6–11.

Gührs, M./Nowak, C.: Das konstruktive Gespräch. Ein Leitfaden für Beratung, Unterricht und Mitarbeiterführung mit Konzepten der Transaktionsanalyse. Limmer, Meezen 1991.

Hagedorn, O.: Hilfe annehmen, anbieten, herbeiholen. Berliner Institut für Lehrerfort- und Weiterbildung und Schulentwicklung (Hrsg.). Berlin 1994.

Hagedorn, O.: Gefühlsbildung. In Berliner Institut für Lehrerfort- und Weiterbildung und Schulentwicklung (Hrsg.): Konstruktiv Handeln. Berlin [3]1995, S. 22–25.

Hagedorn, O.: Konfliktlotsen. Ernst Klett Schulbuchverlag, Leipzig [2]1996.

Herweg, G./Hold-Jagoda, R.: In guten Zeiten anfangen. Elternhaus und Schule arbeiten in der Gewaltprävention zusammen. Schüler 1995: Gewalt Lösungen. 1995, S. 38–40, (Schülerheft Friedrich Verlag)

Herz, O.: Öffnen muss sich auch das Umfeld. Mit Community education gegen Gewalt. Schüler 1995: Gewalt Lösungen. 1995, S. 54–57, (Schülerheft Friedrich Verlag)

Jansen, D.: Gewalterfahrungen und Gewaltwahrnehmung von Kindern. Abschlussbericht einer empirischen Erhebung in Schulklassen der 6. Jahrgangsstufe in Hamburg. Unveröffentlichter Abschlussbericht, Behörde für Jugend, Schule und Berufsbildung Hamburg 1999.

Jefferys-Duden, K.: Das Streitschlichter-Programm – Mediatorenausbildung für Schülerinnen und Schüler der Klassen 3 bis 6, Weinheim und Basel, 1999.

Jefferys-Duden, K.: Streit schlichten lernen. *Pädagogik*, 7–8, 1999, S. 50–55.

Kirchner, A.: Spiele in der Grundschule: das Zuhören fördern, das Lernen erleichtern. Papy Rossa, Köln 1995.

Landesinstitut Schleswig-Holstein für Praxis und Theorie der Schule (IPTS), Aktion Kinder- und Jugendschutz e.V. in Schleswig-Holstein/Nordelbisches Jugendpfarramt, Arbeitsbereich Ev. Schüler/innenarbeit (Hrsg.): 88 Impulse zur Gewaltprävention. Kronshagen bei Kiel [2]1997.

Langer, G.: Darsteller ohne Bühne. Klett/Balmer, Zug 1989.

Langer, I.: Überlebenskampf im Klassenzimmer. Herder, Freiburg i. Br. 1994.

Langmaack, B./Braune-Krickau, M.: Wie die Gruppe laufen lernt. Anregungen zum Planen und Leiten von Gruppen. Ein praktisches Lehrbuch. Psychologie Verlags Union, Weinheim [6]1998.

Leiß, M./Kaeding, P.: Peer-Mediation an Schulen: Ein Trainingsprogramm. In: Redlich, A. (Hrsg.): Materialien aus der Arbeitsgruppe Beratung und Training, Band 1. Fachbereich Psychologie der Universität Hamburg. Hamburg 1997.

Lipp, U.: Moderieren mit Hauptschülern. *Pädagogik, 12*, 1996, S. 14–17.

Lünse, D./ Rohwedder, J./Baisch, V.: Zivilcourage: Anleitung zum kreativen Umgang mit Konflikten und Gewalt. Agenda-Verlag, Münster [2]1998.

Miller, R.: Gewaltprävention durch Lehrertraining. Das Konstanzer Trainingsmodell. Schüler 1995: Gewalt Lösungen. 1995, S. 118–120. (Schülerheft Friedrich Verlag)

Molnar, A./Lindquist, B.: Verhaltensprobleme in der Schule. borgmann publishing, Dortmund [5]1997.

Müller, B.: Berühren, Kooperieren, Kämpfen. In: Berliner Institut für Lehrerfort- und Weiterbildung und Schulentwicklung (Hrsg.): Arbeitspapier zur Ausstellung »Konstruktiv handeln« (Baustein 3). Herausgeber, Berlin 1995.

Nissen, P.: Die Moderationsmethode in der Schule. *Pädagogik, 12*, 1996, S. 6–9.

Nolting, H.-P./Knopf, H.: Gewaltverminderung in der Schule: Erprobung einer kooperativen Intervention. *Praxis der Kinderpsychologie und Kinderpsychiatrie*, 3, 1997, S. 195–205.

Nordelbisches Jugendpfarramt, Evangelische SchülerInnenarbeit (Hrsg.): Koppelsberger Spielekartei der Ev. SchülerInnenarbeit. Plön 1995.

Oerter, R./Montada, L.: Entwicklungspsychologie. Ein Lehrbuch. Psychologie-Verlags-Union, München [2]1987.

Olweus, D.: Gewalt in der Schule: was Lehrer und Eltern wissen sollten – und was sie tun können. Huber, Bern [2]1996.

Pepmeyer, J./Redlich, A.: Ein (vorläufiges) Modell des »Dropout« von Kindern aus psychosozialen Fördergruppen. *Zeitschrift für Pädagogische Psychologie, 1*, 1995, S. 55–57.

Petermann, F./ Jugert, G./Hautzinger, M.: Sozialtraining in der Schule. Beltz, Weinheim 1997.

Petermann, U./Petermann, F.: Verhaltenstherapie mit aggressiven Kindern. *Praxis der Kinderpsychologie und Kinderpsychiatrie, 3*, 1997, S. 228–235.

Pfeiffer, C./Wetzels, P.: Keine »deutschen Chancen«: Thesen zur Jugendgewalt. *Erziehung und Wissenschaft. Zeitschrift der Bildungsgewerkschaft GEW, 9*, 1999, S. 10–13.

Pölert-Klassen, A.: Soziales Lernen. Arbeitsheft 1, »Wir lernen uns kennen«. Cornelsen, Berlin, 1997.

Portmann, R.: Spiele zum Umgang mit Aggressionen. Don Bosco, München 1995.

Preuschoff, G./Preuschoff, A.: Gewalt an Schulen. Und was dagegen zu tun ist. PapyRossa, Köln 1992.

Prutzmann, P./Stern, L./Burger, M. L./Bodenhamer, G.: Das freundliche Klassenzimmer: Gewaltlose Konfliktlösungen im Schulalltag. Kreative Lebensgestaltung und Problemlösungen für Kinder. Ein Handbuch. Weber, Zucht & Co, Kassel 1996.

Ramirez Schmidt, R.: Die Moderationsmethode – Was ist das? *Pädagogik, 6*, 1995, S. 7–8.

Redlich, A./Schley, W.: Kooperative Verhaltensmodifikation im Unterricht. Urban & Schwarzenberg, München [2]1981.

Schorr, A.: Lernen. In: A. Schorr (Hrsg.): Handwörterbuch der Angewandten Psychologie. Die Angewandte Psychologie in Schlüsselbegriffen. Deutscher Psychologenverlag GmbH, Bonn 1993, S. 443–446.

Schulz von Thun, F.: Miteinander Reden 1. Rowohlt Taschenbuch, Reinbek bei Hamburg 1981. (Originalausgabe)

Schwarzhans, F./Hauck, T.: Streit-Training – faires Streiten lernen. Entwicklung, Durchführung und Evaluation eines Trainingsprogramms für die 3. und 4. Klasse zum konstruktiven Umgang mit Aggressionen und Konflikten. Unveröffentlichte Diplomarbeit, Universität Hamburg 2000.

Selman, R. L.: Sozialkognitives Verständnis. Ein Weg zu pädagogischer und klinischer Praxis. In: D. Geulen (Hrsg.): Perspektivenübernahme und soziales Handeln: Texte zum sozialkognitiven Verständnis. Suhrkamp Taschenbuch Wissenschaft, Frankfurt a. M. 1982, S. 223–256.

Tennstädt, K.-C./Krause, F., Humpert, W./Dann, H.-D.: Das Konstanzer Trainingsmodell (KTM): Ein integratives Selbsthilfeprogramm für Lehrkräfte zur Bewältigung von Aggressionen und Störungen im Unterricht. Huber, Bern 1987.

Tillmann, K.-J./Holler-Nowitzki, B./ Holtappels, H. G., Meier, U./Popp, U.: Schülergewalt als Schulproblem: verursachende Bedingungen, Erscheinungsformen und pädagogische Handlungsperspektiven. Juventa, Weinheim 1999.

Träbert, D.: Wir können etwas tun! Pädagogische Projekte, Literatur, Adressen. *Erziehung und Wissenschaft. Zeitschrift der Bildungsgewerkschaft GEW, 9*, 1999, S. 14–15.

Vopel, K. W.: Handbuch für Gruppenleiter/innen. Zur Theorie und Praxis der Interaktionsspiele. Iskopress, Salzhausen [7]1994.

Walker, J.: Gewaltfreier Umgang mit Konflikten in der Grundschule. Cornelsen Scriptor, Frankfurt a.M. [3]1998a.

Walker, J.: Gewaltfreier Umgang mit Konflikten in der Sekundarstufe I: Spiele und Übungen. Cornelsen Scriptor, Frankfurt a. M. [3]1998b.

Anhang

Die Auflistung der Anhänge richtet sich nach der Reihenfolge ihres Erscheinens im Trainingsheft:

Gesprächsregeln

Leitfaden zur Durchführung der schriftlichen Gruppenbefragung

Kinderfragebogen

Kinderfragebogen: Vorlage mit Demonstrationsbeispielen

Kinderfragebogen: Auswertungsschlüssel

Übersicht der Gefühlsgesichter

Anleitung zum Klappenbau

Trainingsbogen

Regelbogen

Gesprächsregeln

- Sagen, was ich verstanden habe

- Freundlich sprechen und Ich-Botschaften senden

- Den anderen aussprechen lassen

Sichtweisen austauschen

- Ich kühl mich ab, bevor unser Gespräch beginnt,

- sag, was ich verstanden hab, frag freundlich, ob das stimmt.

- Sprech dann erst meine Meinung aus und was da als Gefühl mitschwingt.

Lösungssuche und Einigung

- Eine Lösung findet dann, wer Brainstormings benutzen kann.

- Was die Lösung ist, bestimmen beide, sodass keiner drunter leide.

- Geht´s auch in echt, so ist es recht!

Leitfaden zur Durchführung der schriftlichen Gruppenbefragung

Es hat sich als günstig erwiesen, die unterschiedlichen Beantwortungsmodalitäten anhand von ähnlich formulierten Beispielen zu erklären, die man auf einem Overheadprojektor für alle sichtbar macht. Damit die Kinder durch die beispielhaften Antworten nicht beeinflusst werden, haben wir nicht auf die Originalfragen zurückgegriffen. Einen Vordruck für die Erläuterungsfolien fügen wir im Anhang bei.

- **Anonymität**

  Der Fragebogen wird von den Kindern anonym ausgefüllt, um den Effekt der sozialen Erwünschtheit zu senken. Sie sollen lediglich ihr Geschlecht durch ein »J« oder ein »M« und ihre Klassenstufe auf der ersten Seite kenntlich machen.

- **Genügend Zeit ankündigen**

  Die Kinder sollten genügend Zeit zum Ausfüllen haben, damit Flüchtigkeitsfehler, die durch schnelles Überfliegen der Fragestellung entstehen könnten, weitgehend vermieden werden.

- **Jeder für sich**

  Jedes Kind beantwortet den Fragebogen für sich allein. Daher sollten alle genügend Platz haben, um den Bogen unbeeinflusst und ungestört durchzugehen.

- **Eure Meinung zählt**

  Den Kindern sollte das Ziel der Befragung offen gelegt werden: Dabei interessieren uns vorrangig die Meinungen und die Erfahrungen der Kinder, die nicht benotet werden. Nur die Wissensabfrage anhand der Bilder wird nach richtigen und falschen Antworten ausgewertet.

Kinderfragebogen

Du bist jetzt **Experte** für das Streit-Training. Deswegen interessiert uns deine Meinung sehr. Bitte beantworte uns die Fragen **so ehrlich wie möglich**, damit wir das Training so gut wie möglich verbessern können. Vielen Dank!!!

1. **Bitte kreuze an, was wir auf jeden Fall wieder so machen sollen**, wenn wir das Training in einer anderen Klasse wieder machen!

O   Runde mit den Gefühlsgesichtern

O   Rückblick: »Bericht aus der letzten Trainingswoche«

O   Rollenspiele

O   Film drehen und gucken

O   Geschichte

O   Trainingsbogen

O   Aufwärmspiele (z.B. Japanisch knobeln, Ja-Nein-Dialog ...)

O   Streitbild malen

O   Streit-Standbilder bauen

O   Auftritt von Jim und Jane

O   _____

O   _____

2. Hier kannst du die **2 bis 3 Sachen** aufschreiben, **die du blöd fandst!**

_____

_____

_____

3. Stell dir vor, unser Streit-Training wäre nur nachmittags gewesen. Wärst du da **freiwillig gekommen**? Kreuze an:

ja O   nein O

4. Was hast du in echt, also nicht nur im Streit-Training, ausprobiert? Kreuze in jeder Zeile die Antwort an, die für dich stimmt.

E-Formel oder durchatmen	O probiert	O nicht probiert	O kenne ich nicht
Schritt zurück oder Abstand halten	O probiert	O nicht probiert	O kenne ich nicht
an was anderes denken	O probiert	O nicht probiert	O kenne ich nicht
nach dem Grund fragen	O probiert	O nicht probiert	O kenne ich nicht
cool bleiben, nicht provozieren lassen	O probiert	O nicht probiert	O kenne ich nicht
Hilfe holen	O probiert	O nicht probiert	O kenne ich nicht
streitende Kinder beruhigen	O probiert	O nicht probiert	O kenne ich nicht
sagen, was mich stört	O probiert	O nicht probiert	O kenne ich nicht
Schritte von Jim und Jane (Sichtweisen nacheinander sagen, Lösungen suchen und für eine gemeinsam entscheiden)	O probiert	O nicht probiert	O kenne ich nicht
Etwas, was hier nicht steht, nämlich: _____	O probiert	O nicht probiert	O kenne ich nicht

5. Sag mal ganz ehrlich, welche **Note** würdest **du dir jetzt in fairem Streiten** (ohne Beleidigen und Schlagen) geben. Kreuze die Note an:

O »1«   O »2«   O »3«   O »4«   O »5«   O »6«

Wie war das **früher** vor dem Streit-Training: Welche Note im fairen Streiten hättest **du dir** da gegeben? Kreuze die Note an:

O »1«   O »2«   O »3«   O »4«   O »5«   O »6«

6. Welche **Note** gibst du dem ganzen **Streit-Training**?

   O »1«   O »2«   O »3«   O »4«   O »5«   O »6«

7. Und welche **Note** gibst du den beiden **Streittrainern**?

   O »1«   O »2«   O »3«   O »4«   O »5«   O »6«

8. Kreuze nun an, **welche Rollenspiele du interessant fandst!**

     O   Wie habe ich meine Wut im Griff?

     O   Verlieren können – wie geht das?

     O   Was tue ich, wenn Spaß zu Ernst wird?

     O   Absicht oder Versehen?

     O   Wie gehe ich mit Beleidigungen um?

     O   Wie kann ich mit Worten einschreiten?

     O   Wie können wir gemeinsam Konflikte mit Worten lösen?

Auf der nächsten Seite geht es weiter! ☞

Unterstreiche **alle** Verhaltensweisen, die im Streit-Training **richtig** gewesen sind. Es geht dabei nicht darum, wie du dich normalerweise verhältst!

9. Wenn dich jemand beleidigt ...

Unterstreiche **alle Verhaltensweisen**, die im Streit-Training richtig gewesen sind. Es geht dabei nicht darum, wie du dich normalerweise verhältst!

11. <u>Wenn du einen ernsten Streit zwischen zwei Kindern siehst...</u>

11. <u>Wenn du einen ernsten Streit zwischen zwei Kindern siehst...</u>

Kinderfragebogen:
Vorlage mit Demonstrationsbeispielen

Das sind Beispiele, damit ihr wisst, wie ihr den Fragebogen ausfüllen sollt:

1. Bitte kreuze an, was wir auf jeden Fall wieder so machen sollen, wenn wir das Training in einer anderen Klasse wieder machen!

    O Bilder malen während der Geschichte
    O Baumstammspiel (über den Fluss kommen)

2. Hier kannst du die 2 bis 3 Sachen aufschreiben, die du blöd fandst!

_____

3. Hast du zu Hause vom Streit-Training erzählt? Kreuze an:

    ja O   nein O

4. Was hast du in echt, also nicht nur im Streit-Training, ausprobiert? Kreuze in jeder Zeile die Antwort an, die für dich stimmt.

F-Formel	O probiert	O nicht probiert	O kenne ich nicht
Wutbild malen	O probiert	O nicht probiert	O kenne ich nicht
Fäuste in der Hosentasche	O probiert	O nicht probiert	O kenne ich nicht

© Schwarzhans/Hauck/Redlich, Streit-Training, Beltz Verlag · Weinheim und Basel

5. Welche Note würdest du dir jetzt in Wutkontrolle geben? Kreuze die Note an:

   O »1«   O »2«   O »3«   O »4«   O »5«   O »6«

6. Unterstreiche alle Verhaltensweisen, die im Streit-Training richtig gewesen sind. Es geht dabei nicht darum, wie du dich normalerweise verhältst!

<u>Wenn dich jemand anrempelt ...</u>

Ich frage: „Warum machst du das?"

Ich rempel zurück.

??????????

Ich sage, dass mir das wehgetan hat.

Ich rufe: „Pass auf, du Arsch!"

Kinderfragebogen: Auswertungsschlüssel

Wir führen an dieser Stelle die Codierungsziffern auf, um die Daten in ein statistisches Computerprogramm einzugeben. Natürlich kann man die Auswertung auch per Hand vornehmen.

Zu Beginn werden die Klassenstufe (3/4) und das Geschlecht (♀:1/♂:2) eingegeben.

1. Bitte kreuze an, was wir auf jeden Fall wieder so machen sollen, wenn wir das Training in einer anderen Klasse wieder machen!
   Jeder aufgeführte Trainingsbaustein wird einzeln ausgewertet:

Kreuz: 1	Kein Kreuz: 2

Nur wenn nichts angekreuzt wurde, werten wir die Frage als nicht beantwortet:
missing value: 0

2. Hier kannst du die 2 bis 3 Sachen aufschreiben, die du blöd fandst!

Angabe: 1	Keine Angabe: 0

Außerdem werden die einzelnen Nennungen aufgeführt und zusammengefasst.

3. Wärst du freiwillig gekommen?

ja: 1	nein: 2	missing value: 0

4. Was hast du in echt ausprobiert?
   Jeder aufgeführte Trainingsinhalt wird einzeln ausgewertet:

probiert: 1	nicht probiert: 2	kenne ich nicht: 3	missing value: 0

Für die drei folgenden Fragen ist kein Auswertungsschlüssel notwendig. Die Noten werden direkt eingegeben.

5. Welche Note würdest du dir jetzt im fairen Streiten geben? Welche früher?
6. Welche Note gibst du dem ganzen Streit-Training?
7. Welche Note gibst du den beiden Streittrainern?

8. Welche Rollenspiele fandst du interessant?
    Auswertung wie Frage 1.

9.–12. Unterstreiche alle Verhaltensweisen, die im Streit-Training richtig gewesen sind.

Variante A: Auswertung pro Bild
Nur richtige Lösungen (mindestens eine): richtig: 1
Falsche und richtige Lösungen: teilweise richtig: 2
Nur falsche Lösungen (mindestens eine): falsch: 3

Im ganzen Bild nichts unterstrichen: missing value: 0

Variante B: Auswertung pro Item (Sprechblase)
Richtig unterstrichen bzw. zu Recht nicht unterstrichen: 2
Fälschlicherweise unterstrichen bzw. zu Unrecht nicht unterstrichen: 1
Im ganzen Bild nichts unterstrichen: missing value: 0

Bei dieser Variante kann ein Gesamtwert für das Bild berechnet werden. Der Höchstwert bei einem komplett richtig gelösten Bild ergibt sich, indem man die Itemanzahl verdoppelt. Der niedrigste Wert entspricht der genauen Itemanzahl. Auch wenn diese Auswertungsvariante exaktere Aussagen zuläßt, ist sie wesentlich aufwändiger als die erste.

Übersicht der Gefühlsgesichter

Wie fühlst du dich heute? Wie geht es dir?

Seite 1

aggressiv	gequält	ängstlich besorgt	entschuldigend	arrogant	schüchtern verschämt
glückselig	gelangweilt	vorsichtig	kalt fröstelnd	konzentrierend konzentriert	vertrauensvoll
neugierig	ernst gesetzt prüde	entschlossen	enttäuscht	missbilligend	bezweifelnd ungläubig
angewidert	widerwärtig	verzückt	wütend	neidisch	erbittert
erschöpft	voller Angst	frustriert	sich grämend	schuldig	glücklich
entsetzt erschreckt	heiß erhitzt	"Kater Katzenjammer"	verletzt	hysterisch	gleichgültig
idiotisch	unschuldig	interessiert	eifersüchtig	freudig fröhlich	geladen

Wie fühlst du dich heute? Wie geht es dir?

Seite 2

einsam allein	vom Liebesblitz getroffen	meditativ nachdenklich	schadenfroh	elend unglücklich	negativ pessimistisch
eigensinnig trotzig	optimistisch	leidend voller Schmerz	verdutzt bestürzt	pride zimperlich	verwirrt
bedauernd	erleichtert	traurig	zufrieden	geschockt	dämlich
selbstzufrieden selbstgefällig	unfreundlich bärbeißig sauer	überrascht	misstrauisch argwöhnisch	mitfühlend	nachdenklich rücksichtsvoll
unentschlossen	zurückgezogen				

Anleitung zum Klappenbau

Wir haben die Erfahrung gemacht, dass originale »Klappen« schwer zu beschaffen sind. Eine Hamburger Rundfunkanstalt stellte dazu fest, dass sie entweder noch für Einsätze gebraucht würden und daher nicht zu verleihen oder verschenken wären oder aber sie seien kaputt und würden dem Müll zugeführt.

Daher wollen wir eine einfache Bauanleitung für eine »täuschend echte« Klappen-Attrappe geben, die den Praxistest im Training technisch gut überstanden hat und nur moderate Herstellungskosten verursacht.

Material

- Sie benötigen dafür zwei schmale Bretter, die ca. 32 cm lang, sechs bis sieben cm breit und zwei cm stark sind. (In unserem Fall eignete sich dazu hervorragend eine Holzlatte aus einem »durchgeknackten« Ikea-Bett.)
- Ein zweites Brett sollte die Maße 20 x 12 x 1,5 cm aufweisen.
- Des Weiteren benötigen Sie zwei Lederschnüre von 15 cm Länge und 0,5 cm Breite und 1 mm Stärke.
- Außerdem kommen noch drei Holzschrauben von mindestens 4 cm Länge zum Einsatz, evt. etwas schwarze Farbe und selbstklebende Briefetiketten.

Bohren Sie in die beiden schmalen Bretter an einem Ende auf gleicher Höhe jeweils zwei Löcher. Benutzen Sie dazu Bohrer der Größe 5 bzw. 5,5.

Nehmen Sie die beiden Lederbänder und verbinden Sie die deckungsgleich aufeinander liegenden Bretter, indem Sie die Schnüre links und rechts voneinander getrennt durch die übereinander liegenden Bohrlöcher ziehen. Knoten Sie die Enden des jeweiligen Bands fest zusammen, sodass aus den Bändern ein (zugegebenermaßen »vorsintflutliches«) Scharnier entsteht.

Befestigen Sie nun auf einer Außenseite aufrecht stehend das verbliebene Brett. Sie können die Löcher für die Schrauben in regelmäßigem Abstand im Holz vorbohren (Bohrerstärke 2,5), sodass das Einschrauben leichter fällt.

Wenn Sie Ihr Werk noch mit schwarzer Farbe streichen und es nach dem Trocknen in regelmäßigen Abständen mit den halbierten Etiketten bekleben, dann werden die Kinder Sie sicher »umschmeicheln«, um dieses Stück Handwerkskunst bedienen zu dürfen.

Trainingsbogen

Mein Trainingsbogen aus der   Einheit:

Diese Woche trainiere ich:

Wie es geklappt hat:

1. Tag	2. Tag	3. Tag	4. Tag

Fragen & Ideen dazu:

Hier steht noch mal, was die Füllung der Trainingsbecher bedeutet:

Hat **super** geklappt!	Hat **ziemlich gut** geklappt!	Hat **mittelmäßig** geklappt!	Hat **überhaupt nicht** geklappt!
ganz ausmalen	zwei Teile ausmalen	einen Teil ausmalen	nichts ausmalen

Regelbogen

Name:

Wie habe ich mich heute an die Regeln gehalten?

Treffen / Datum	5. Mal	6. Mal	7. Mal	8. Mal	9. Mal	10. Mal	11. Mal	12. Mal	13. Mal	14. Mal
Freundlich sein										
Sagen, was stört										
Zuhören										
Wie es mir gefallen hat …										

Reinhold Miller bei Beltz

Reinhold Miller (Hrsg.)
Beziehung und Interaktion
Beltz Praxis. 3. Aufl. 2001.
136 Seiten. Ordner.
ISBN 3-407-62485-9

Kommentierte Materialien,
Arbeitshilfen und Kopiervorlagen
zum Themenbereich Beziehung
und Interaktion – eine echte
Fundgrube. Die umfassenden
und vielfältigen inner- und
außerschulischen Veränderungen
erfordern erweiterte bzw. neue
Angebote für Lehrerinnen und
Lehrer zur zeitgemäßen Gestaltung von Schule und Unterricht.

Aus dem Inhalt:
Gestaltpädagogik – Neurolingu-
istisches Programmieren (NLP) –
Nonverbale Kommunikation –
Organisations- und Schulentwick-
lung – Psychodrama-Pädagogik –
Schulinterne Lehrerfortbildung
(SCHILF) – Supervision –
Themenzentrierte Interaktion –
Transaktionsanalyse (TA) –
Verbale Kommunikation

Reinhold Miller
Lern-Wanderung
Basiswissen, Reflexionen und
Trainingselemente zum Thema
Lernen und Lehren.
Mit Kopiervorlagen.
Beltz Praxis. 2001.
173 Seiten. Broschiert.
Großformat.
ISBN 3-407-62475-1

Kommentierte Kopiervorlagen
mit den Essentials zum Thema
Lernen und Lehren für Lehrer-
fortbildungsveranstaltungen. Die
»Lernbausteine« enthalten u.a.:
Basiswissen (Was Lehrende unbedingt wissen sollten) – Beispiele
vielfältigen Lernen und Lehrens
(vom Frontalunterricht bis zum
Internetsurfen) – Hinweise zum
Lernen auf der Sach- und Beziehungsebene – Tipps, wie
Schüler/innen das Lernen lernen
(können) – Vorschläge zur För-
derung der Motivation und Konzentration – Übungen zum Entspannen und Bewegen – Aufgaben
zum (Weiter-)Lernen für Leh-
rer/innen und Schüler/innen.

Reinhold Miller (Hrsg.)
**99 Vertretungsstunden
ohne Vorbereitung**
»Schwellendidaktik pur« für die
Sekundarstufe I.
Beltz Praxis. 2. Auflage 1999.
142 Seiten. Broschiert.
Großformat.
ISBN 3-407-62402-6

Die Autorinnen und Autoren
bieten »99 Vertretungsstunden
ohne Vorbereitung« an, und
zwar in sechs Bereichen für die
Sekundarstufe I:
Überfachliches Lernen
Soziales Lernen
Das Lernen lernen
Fachliches Lernen Deutsch
Mathematik
Biologie / Erdkunde / Geschichte.

...ein Buch, das in einer Lehrer-
bibliothek nicht fehlen darf!
Die Unterrichtspraxis 3/99

Ladenpreise: www.beltz.de

F0063

Beltz Verlag · Postfach 10 01 54 · 69441 Weinheim · www.beltz.de

Karin Jefferys-Duden bei Beltz

Karin Jefferys-Duden
Das Streitschlichter-Programm
Mediatorenausbildung für
Schülerinnen und Schüler der
Klassen 3 bis 6.
Mit Kopiervorlagen.
Beltz Praxis 1999.
152 Seiten. Broschiert.
Großformat.
ISBN 3-407-62390-9

Das vorliegende Programm ist
ein Leitfaden für die Ausbildung
von Schüler/innen als Streitschlichter.
Viele Schulen der Sekundarstufe I
haben Schlichtung in ihr Schul-
programm aufgenommen, weil
sich das Schulklima durch insti-
tutionaliserte Schlichtung verbessern kann, Lehrkräfte von
Alltagskonflikten entlastet werden
und Schüler durch das Training
zur und die Anwendung der
Schlichtung soziale Kompetenzen
erwerben können, die ihnen
den Umgang mit Gleichaltrigen
erleichtern.

Karin Jefferys-Duden
**Konfliktlösung
und Streitschlichtung**
Das Sekundarstufen-Programm.
Beltz Praxis. 2000
156 Seiten. Broschiert.
Großformat
ISBN 3-407-62428-X

Gewaltbereitschaft und Aggressionen Jugendlicher gehören zu
den brennenden Problemen der
heutigen Schule. Das Streitschlich-
tungsprogramm für die Sekundarstufe bietet wirksame Hilfe an.
Nach ihrem höchst erfolgreichen
Buch »Das Streitschlichter-Programm« (Klasse 3 bis 6) legt die
Autorin nun die Weiterführung
für die folgenden Klassenstufen
vor.
Vier Unterrrichtseinheiten zu
• Begründung des Trainings
  und Einstieg ins Thema,
• Konfliktverhalten,
• Konflikte aushandeln,
• Streitschlichtung
jeweils mit Vorlagen für Arbeits-
blätter, Folien, Beobachtungs-
bogen und Rolleninstruktionen.

Karin Jefferys-Duden
Thomas Duden
Konflikte spielend lösen
Lernspiele für die Streit-
schlichtung.
Mit Kopiervorlagen.
Beltz Praxis. 2001.
136 Seiten. Broschiert.
Großformat.
ISBN 3-407-62431-X

Eine spielerische Ergänzung
von Unterrichtsprogrammen
zur kooperativen Konfliktlösung,
zur Streitschlichtung und zu
Unterrichtseinheiten zum sozialen
Lernen. Die Ziele dieser Lernspiele
für Grund- und weiterführende
Schulen sind: Wissen um Konfliktlösung und Streitschlichtung
aufzufrischen und abzurufen,
kooperative Einstellungen zu
konstruktiver Konfliktlösung zu
stärken – und damit: Konflikt-
lösemöglichkeiten anzuregen,
die unterschiedliche Interessen
überbrücken

Ladenpreise: www.beltz.de

Beltz Verlag · Postfach 10 01 54 · 69441 Weinheim · www.beltz.de

F0064